企事业单位民主管理工作

百问百答

肖鹏◎编著

QISHIYE DANWEI
MINZHU GUANLI GONGZUO
BAIWEN BAIDA

中国工人出版社

前言

PREFACE

习近平总书记在2015年全国劳动模范和先进工作者表彰大会讲话中指出："要推进基层民主建设，健全以职工代表大会为基本形式的企事业单位民主管理制度，更加有效地落实职工群众的知情权、参与权、表达权、监督权。"企事业民主管理是我国基层民主政治建设的重要内容，是社会主义民主制度的组成部分。新中国成立后，特别是改革开放以来，在党中央和国务院的高度重视下，以职工代表大会为基本形式的企业民主管理制度得到了不断发展和创新，企业民主管理工作领域不断扩大、组织体制不断健全、运行机制日趋完善、工作实效不断增强，中国特色企业民主管理制度建设取得了显著成效，推动了企业民主决策、科学管理，促进了劳动关系和谐、稳定。然而，随着国企改革的不断深入，企业的组织形式、管理模式、生产经营方式及用工方式等发生深刻变化，各种经济关系、劳动关系日趋复杂和多元化，民主管理作为企业管理的重要组成部分，面临着新的形势和变化。建立与现代企业制度相适应的民主管理机制，发挥其在现代企业管理中的重要作用，确保职工的主体地位和合法权益是各级工会组织应着重思考的课题之一。

工会作为企业民主管理的工作机构，在企业民主管理中发挥着其他组织无法代替的作用，发挥好工会组织民主管理的作用，既需要工会组织素质的提高，更需要在实践中逐步完善巩固。在工作实践中，经常遇到一些同志咨询有关民主管理工作相关的问题，很多问题看起来很小，但政策性、规范性、程序性很强。正是针对这些问题，笔者在总结多年工作经验的基础上，结合企事业单位民主管理工作的基础理论和专业知识，总结和梳理了法律法规、业务知识和日常民主管理工作中的系列问题，编写了本书。

本书主要围绕企事业单位民主管理工作，包括职工（代表）大会制度、厂务公开制度、职工董事职工监事制度等内容，立足当前工会改革背景，将学习民主管理工作业务知识与把握当前的形势任务有机结合，采用了问答形式，选取了最重要、最常见的100个具体问题进行解答，另附《民主管理自测题》供参考，帮助读者加深理解。

笔者满怀虔诚之心，在写作过程中，力求在回答如何做的同时，阐明为何这样做，使其具有较强的针对性、实用性和可操作性，力求以生动、浅显的语言对如何发挥工会组织在企业管理中的应有作用加以详尽的阐释，以达到简明扼要、通俗易懂的目的。本书在编写中得到黑龙江省工会干部学院的大力支持，学院的侯杰、张馨月、宋迪、唐松滨、杜煊曈、吴海燕几位教师参与了本书的编写，希望本书的出版能为广大工会干部在日常的工作、学习中提供一定的帮助。由于水平有限，书中难免有疏漏之处，敬请诸位同行专家及读者批评赐教。

编　者

2021年12月

目录

CONTENTS

JI CHU ZHI SHI

第一部分

基础知识

1 企事业民主管理制度在我国民主政治制度中有什么样的地位?

企事业单位实行民主管理是我国社会主义民主政治的基础。社会主义民主有着极其丰富的内容，扩大基层民主，实行企事业民主管理，是社会主义民主的重要内容，是社会主义民主的重要组成部分，也是社会主义企事业单位的本质属性。只有加强企事业民主管理，切实保障职工的主人翁地位，使每一个职工享有《宪法》所赋予的民主管理权利，才能使社会主义民主落到实处，从而巩固和发展社会主义民主政治制度。

企事业单位实行民主管理，是加强基层民主政治建设的重要途径。加强基层民主政治建设，是推进社会主义民主政治的基础，也为推进企业民主管理制度建设提供了广阔的发展空间。在企事业单位中推进民主管理制度建设，尊重和保障职工的知情权、表达权、决策权和监督权，引导职工有序地参与，体现了我国基层民主政治建设中党的领导、人民当家作主和依法治国的有机统一，是发展社会主义基层民主的一项制度性安排，是基层实现人民当家作主最直接的实践。

2 企事业单位实行民主管理有何意义?

以职工代表大会（简称职代会）为基本形式的企事业民主

管理制度，对推进厂务公开、支持职工参与企业管理、维护职工合法权益、构建和谐劳动关系、促进企业持续健康发展、加强基层民主政治建设具有重要意义。

（1）有利于构建和谐劳动关系。在企业改革不断深化的进程中，不可避免地会遇到各种矛盾，这种矛盾的积聚，如果在一定的条件下突然释放出来，就会有很大的破坏作用。企业民主管理制度确定了职工的政治地位、赋予了职工一定的政治权利。职工的意愿和要求可以通过民主管理的渠道向企业反映出来，从而使职工群众与企业的劳动关系得到协调，避免由于民主渠道不畅而带来的严重后果，更好地体现和保障了职工作为国家主人翁和企业劳动主体的地位，增强了职工对企业的归属感、认同感和责任感。

（2）有利于提高企业管理水平。民主管理是企业领导机制和管理体制的重要组成部分，职代会、厂务公开、集体协商、职工民主议事会等形式，畅通了劳动者与企业的协商沟通渠道，是职工实现民主管理的主要形式。在现代企业制度下，实行企业民主管理，将职工参与、监督的机制融入企业管理的各个方面，有利于完善企业法人结构和中国特色社会主义企业管理制度，健全和完善企业决策、管理和监督机制，及时发现企业管理漏洞和不足，提高管理水平。

（3）有利于推进基层民主政治建设。随着形势的发展和社会的进步，职工的文化素质越来越高，民主意识和参政议政意识越来越强。企业民主管理的实现，必须要求职工有序参与、依法维权。积极引导广大职工依法行使民主选举权、民主决策权、民主管理权和民主监督权，有利于促进和维护企业内部的公平正义。

（4）有利于创造经济效益，推动企业持续发展。企业存在的最终目的是盈利，企业民主管理可以发动职工决策，可以集思广益，不断补充完善决策内容，最大限度地避免和减少重大决策和经营管理的失误，为企业避免经济损失甚至是直接增收创效。企业民主管理制度还可以充分调动广大职工的积极性、主动性和创造性，使企业呈现出良性的循环状态，使职工自发地把个人利益和集体利益联系起来，以主人翁的姿态来对待工作，使企业充满活力。

（5）有利于企业党风廉政建设。风清气正的内部环境是企业发展的必要条件，企业民主管理制度的建立，让职工参与企业运行的关键环节，触及企业管理的敏感区域，可以最大限度地发挥职工的监督权利，形成强有力的纠错机制，促进企业依法经营和管理者的廉洁从业。

3 企事业单位民主管理的主体是什么？

企事业单位民主管理的领导主体是党组织，各基层单位都要在党组织的统一的思想政治领导下开展民主管理工作。责任主体是行政。《企业民主管理规定》明确提出：“企业代表组织应当推动企业实行民主管理，促进企业健康发展。”企业必须为职工参与民主管理提供必要的条件和经费保障。工作（推进）

主体是工会。对于企业工会而言，其主要职责是组织职工依法开展民主管理，切实维护广大职工的合法权益。权利主体是职工群众。企事业单位民主管理的基本形式——职工代表大会。职工代表大会由全体职工选举的职工代表组成，他们代表全体职工行使民主管理权利，表达全体职工的意志，体现大多数职工的利益。

4 企事业单位民主管理的形式有哪些？

企事业单位民主管理的主要形式有职工代表大会、厂务公开、劳动争议调解、职工董事职工监事、集体协商、班组民主管理等。其中，职工代表大会是企业民主管理的基本形式。职工代表大会同企业民主管理的其他形式比较，具有代表性强、职责明确、组织健全、工作范围广、易于操作等特点，能够全面体现民主管理的基本要求，为广大职工所熟悉和接受。同时，企事业单位民主管理还存在其他形式，如企业民主管理委员会、民主议事会、劳资恳谈会、民主协商会等。

5 为什么企事业单位实行民主管理必须坚持党的领导？

坚持党的领导是我国企事业单位推行民主管理的重要特征和根本保证。中共中央、国务院颁发的《全民所有制工业企业职工代表大会条例》第四条规定："职工代表大会接受企业党的基层委员会的思想政治领导，贯彻执行党和国家的方针、政策，正确处理国家、企业和职工三者利益关系，在法律规定的范围内行使职权。"《中国共产党全民所有制工业企业基层组织工作条例》第二十七条规定："党委对职工代表大会实行思想政治领导，保障职工代表大会行使规定的权力。"《企业民主管理规定》第二条规定："企业民主管理工作应当坚持党的领导，以邓小平理论和'三个代表'重要思想为指导，深入贯彻落实科学发展观，坚定不移地贯彻落实党的全心全意依靠工人阶级的根本指导方针。企业党组织应当加强对民主管理工作的领导和支持。"正是在党的领导下，保证了企业民主管理正确的政治方向。

《国资委党委、国资委关于建立和完善中央企业职工代表大会制度的指导意见》指出，"实行职代会制度，核心在于坚持党的领导。国有企业党组织在企业发挥政治核心作用，是职工依法参与企业民主管理的政治保证和组织保证。企业职代会必须坚持企业党委（党组）的领导，把贯彻全心全意依靠工人阶级的指导方针落到实处"。

（1）从历史上看，我国的企事业民主管理从一开始就是在党的领导下开展并逐步完善和发展的，企事业民主管理在每个历史时期取得的成果都与同时期党制定的政策密切相关。因此，坚持党对企事业民主管理工作的领导具有历史必然性。

（2）从现实中看，在"两个一百年"奋斗目标的历史交汇点上，全面建设社会主义现代化强国的过程中，随着我国经济结构的进一步调整和国有企业改革的不断深化，企事业各种利益冲突日益激烈，稍有不慎，就会影响企业发展和社会稳定。因此，中国共产党作为我们各项事业的领导核心尤为重要。

（3）企事业民主管理作为社会主义民主政治建设的重要组成部分，坚持党的领导、人民当家作主和依法治国的有机统一，体现了社会主义民主的本质特征。当然，坚持党对企事业民主管理的领导不是党组织包办一切，而是企事业民主管理要认真贯彻党的路线方针政策。同时，企事业民主管理还要同企事业其他行政管理紧密配合。

6 基层工会组织推动企事业单位开展民主管理工作的重点是什么？

（1）提高职工素质是搞好职工民主管理的关键点。全面提高职工素质，造就一支业务精良、严守纪律，能打硬仗的职工队伍，是搞好基层民主管理的关键。引导职工增强民主参与意识，提高参与民主管理素质。任何管理都需要人来完成，人的素质高低直接决定着管理效果，工会在组织广大职工实施民主管理过程中，首先要提高民主管理水平，这就需要提高参与民主管理的人员素质。工会组织通过培训、引导、学习等方式提高企业职工参与民主管理的能力，提高其民主管理素质，从而推动企业民主管理质量提高，真正体现民主管理的宗旨。

（2）维护职工合法权益是发挥企业工会民主管理职能的切入点。从工会组织的职责定位来看，维护职工合法权益是抓好了企业民主管理的基础。工会维护职工的合法权益，既包括职工工作环境的优化、工资待遇的改善、社会保障的提高等，也包括组织广大职工参与企业民主管理、民主监督等方面的内容。要把履行维护职工合法权益的基本职责贯穿到促进发展、推动改革、积极参与、帮扶引导的全过程。

（3）完善职工代表大会制度是健全企业民主管理机制的助推点。工会是职工代表大会的工作机构，应建立健全职代会制度，通过职工代表大会推进民主管理工作，行使职工监督、审议、建议和民主评议等权利。工会要经常组织职工代表开展岗位练兵、争先创优、节能降耗等劳动竞赛活动。以联席会议制度为基础，加强与党政的沟通和联系，让上级领导随时了解基层工作存在的问题，听取群众的意见和建议。

总之，要积极探索深化职代会工作机制，凡是生产、经营、发展方面的重大举措，凡是涉及职工切身利益的各种问题，企业工会都应当组织职工代表大会进行讨论、协商、解决。

7 基层党政部门及工会在企事业民主管理中的职责是什么？

《企业民主管理规定》第二条规定："企业民主管理应当坚持党的领导，以邓小平理论和'三个代表'重要思想为指导，深入贯彻落实科学发展观，坚定不移地贯彻落实党的全心全意依靠工人阶级的根本指导方针。企业党组织应当加强对民主管理工作的领导和支持。"

各级党委纪检部门、组织部门，各级人民政府国有资产监督管理机构和监察机关等有关部门应当依照各自职责，对企业民主管理工作进行指导、检查和监督。企业工会应当组织职工依法开展企业民主管理，维护职工合法权益。上级工会应当指导和帮助企业工会和职工依法开展企业民主管理活动，对企业实行民主管理的情况进行监督。

8 为什么企业不分所有制都要实行民主管理?

《企业民主管理规定》第三条规定：“企业应当按照合法、有序、公开、公正的原则，建立以职工代表大会为基本形式的民主管理制度，实行厂务公开，推行民主管理。”该规定适用于我国境内所有企业，不仅公有制企业要实行企业民主管理，非公有制企业同样要实行民主管理。这为推进非公有制企业实行民主管理提供了制度上的保障，是企业民主管理制度体系建设的新要求。

非公有制企业的职工是我国职工队伍的重要组成部分，同样是国家的主人，其参与企业管理的权利同样需要依法得到应有的尊重和保护。企业所有者、经营者和劳动者是利益共同体。企业的生存发展必须调动劳方和资方两方积极性。企业要实现决策的科学化、民主化，形成激励与约束相结合的企业经营管理机制，建立和谐稳定的劳动关系，必须实行民主管理。作为利益共同体的成员方，职工与企业一荣俱荣、一损俱损；作为企业重大利益相关者，职工应当享有参与企业管理的权利。这些都与公有制企业没什么两样，所以非公有制企业同样要实行民主管理。非公有制企业实行民主管理，可以使企业决策兼顾各方利益，实现劳资关系和谐稳定，从源头上维护职工的合理利益，减少摩擦、降低协调成本，把矛盾消除在事前和企业管理的过程中，同时可以调动职工的积极性和创造性，集中职工的智慧，实行科学决策和管理，促进企业协调发展，最终达到劳资两利、实现合作共赢。

9 车间、班组民主管理的形式有哪些?

车间和班组民主管理的形式，主要视具体情况而定。每个企业的情况不同，班组大小不等，其生产（工作）任务也不一样，所以采取的民主管理形式也不应该是一个模式。一般地讲，班组民主管理的组织形式主要有班组民主会、班组核心会、总经理民主联络员制度等组织形式。

（1）班组民主会。是班组民主管理的基本形式，是职工群众在班组行使民主管理权利和当家作主的具体体现。班组民主会对班组工作具有审议、监督和维护职工群众合法权益的作用。班组民主会由班组民主管理核心成员召集主持。班组民主会可根据班组的实际情况，按季、月、旬定期召开，也可根据需要召开临时性的会议。

（2）班组核心会。是班组长依靠班组骨干对班组进行民主管理的组织形式。班组核心会一般由班组长、工会小组长、党

（团）小组长及少数生产管理骨干组成。班组核心会由班组长召集主持。其主要任务是研究班组的主要工作和需要提交班组民主会讨论的重要问题，协调班组中党、政、工、团的工作步骤。班组核心会通常每周召开一次，根据实际情况可以增加或减少开会的次数。

（3）总经理民主联络员制度。总经理民主联络员从基层职工代表中产生，由公司各职代会代表团（组）推荐，工会审核，报请公司党委批准后，由公司总经理颁发聘书。聘期与职代会届期相同。总经理民主联络员的主要职责包括：反映本单位（部门）职工对公司生产、经营、管理、服务等方面的意见和建议；了解干部廉政建设情况；掌握公司职代会提案、决议落实情况；掌握职工群众普遍关心的热点、难点和焦点问题；认真做好调查研究和情况分析，并提出建设性意见，及时向总经理反映；对公司各时期的中心工作及企业深化改革等各项政策。公司工会是总经理民主联络员的主管部门，民主联络员的日常管理由公司工会负责。工会组织召开有关会议，传达或上报会议纪要。

除以上形式外，企业班组还存在一些新的民主管理形式，如班组献计献策会、民主生活会、民主评议会、头脑风暴会、民主管理微站等。

10 班组民主管理有何特点?

班组民主管理的内容十分宽泛，涉及班组工作的各个方面。班组民主管理的特点主要有：

（1）在政治上实行民主。班组职工政治权利平等，有选举权和被选举权，有批评与自我批评的权利和义务，有受各种规章制度保护并维护各项规章制度的权利和义务。班组民主管理中的政治民主主要包括：民主选举班组长；民主选举职工代表；参加企业民主管理，推荐生产管理人才，评议班组长和各级领导干部，提出奖惩建议；民主评选先进职工；按照企业、车间和班组制订学习计划，开展多种形式的活动等。

（2）在经济上实行民主。人人当家理财，搞好班组经济核算，建立和健全班组的各种台账；讨论和制订班组经济承包方案、班组发展计划；参与和监督企业的分配；及时公布各项经济指标完成情况，制定整改措施等。

（3）在生产技术上实行民主。班组职工都有参加生产劳动和技术培训的权利，对班组生产和技术上的问题有发言权和建议权。生产技术上的民主主要包括：班组成员定期研究和改进班组专项管理工作的措施；对班组承包的作业方案及有关技术、设备、原材料消耗等问题讨论并提出解决方案；开展学习文化、岗位练兵、操作比武和技术协作活动；实行全面质量管理，搞好合理化建议、技术革新、质量管理等管理活动。

（4）在生活上实行民主。发扬团结友爱精神，开展互助互济活动，帮助组员解决一些生活中的实际困难；定期召开班组民主生活会；经常进行家访和谈心活动，使每一个成员都能感受到集体的温暖；根据班组的实际情况，开展文体娱乐活动丰富职工业余文化生活。

ZHI GONG DAI BIAO DA HUI ZHI DU

第二部分

职工代表大会制度

11 如何理解职工代表大会的审议建议权和审议通过权?

职工代表大会的审议建议权，是指职工代表大会依法具有对企业生产经营重大决策进行审议并提出意见和建议的民主管理权利。根据《全民所有制工业企业法》的规定，审议建议权的内容包括：企业经营方针、长远规划、年度计划、基本建设方案、重大技术改造方案、职工培训计划、留用资金分配和使用方案、承包和租赁经营责任制方案等。在企业改革不断深入的新形势下，职工代表大会审议建议权的具体内容，也要根据有关法规政策的规定，结合企业的实际情况增加新的内容。根据《企业民主管理规定》，职代会对企业改革和制定重要规章制度情况，企业用工、劳动合同和集体合同签订履行情况，企业安全生产情况，企业缴纳社会保险费和住房公积金情况等报告，提出意见和建议。国有、集体企事业单位的改革改制方案，必须要经过职代会审议，充分听取职工的意见。

职工代表大会的审议通过权，是指职工代表大会依法享有的、对有关职工切身利益的重大事项表示认可或否决的权利。根据《全民所有制工业企业法》《企业民主管理规定》的规定，职工代表大会有权审查同意或否决企业的工资调整方案、奖金分配方案、劳动保护措施、奖惩办法以及其他重要的规章制度；审议集体合同草案、职工福利基金使用方案、住房公积金和社会保险费缴纳比例和时间的调整方案。上述问题经职工代表大会审议通过后，由厂长（经理）公布实施。如果职工代表大会否决了厂长提出的方案，或要对其中某些规定进行修改，厂长应尊重职代会的意见。如复议后仍未获通过，应按有关规定，报请企业党组织协调，或报上级政府部门和上级工会组织裁决。

12 职工代表大会主席团及职工代表团（组）长在成员构成上有哪些要求？

根据《企业民主管理规定》第十九条规定："职工代表大会可以设主席团主持会议。主席团成员由企业工会与职工代表大会各团（组）协商提出候选人名单，经职工代表大会预备会议表决通过。其中，工人、技术人员、管理人员不少于百分之五十。"这里所说的管理人员是不包括企业领导人员在内的中、下级的一般性管理人员。

职工代表大会主席团是指全体职工代表选举产生的职代会执行机构。负责主持本届职工代表大会会议和会议期间的组织工作。主席团成员由职工代表大会从职工代表中选举产生，应包括工人、技术人员、管理人员和企业的领导干部。其中生产工人、技术工人、管理人员应超过半数。

注意：职工代表团（组）长是职工代表团（组）的负责人，由职工代表团（组）代表民主选举产生。根据企业民主管理的实践，职工代表团（组）长由各代表团（组）所在单位当选职工代表的工会主席（或工会小组长）担任比较适宜。

13 职工代表大会专门委员会（小组）的组成和设置程序是怎样的？

职工代表大会专门委员会（小组）的人选，通常在职工代表中提名产生，其成员主要从不担任部门以上主要领导职务的科技人员、管理人员、工会干部、工人中产生。专门委员会（小组）的成员，一般应具备熟悉业务，有一定的组织活动能力、办事公道、群众威信较高等条件。各专门委员会（小组）成员的数量不宜太多，一般可由 5 人至 9 人组成，大型企业可以适当增加。各专门委员会（小组）设主任（组长）一人，根据需要可设副主任（副组长）1 人至 2 人。业务部门的负责人不宜担任专门委员会（小组）的领导职务。职代会专门委员会（小组）的主任（组长），一般由企业工会相应的专门委员会或部门负责人担任为宜。专门委员会（小组）成员的任期，应与职代会的届期一致。

专门委员会（小组）成员的产生，必须经过职工代表大会的民主选举。一般是由企业工会根据需要，提出各专门委员会（小组）组成的具体方案，职工代表团（组）根据上述方案，协商推荐各专门委员会（小组）人选，职工代表和非职工代表均可自荐。企业工会与有关方面协商后，召开工会委员会或职工代表团（组）长会议讨论，提出具体候选人名单，交给各职工代表团（组）征求意见。经职工代表大会主席团审议后，正式提出各专门委员会（小组）候选人名单，经职工代表大会审议通过。

14 召开职工代表大会的主要程序有哪些?

（1）由大会执行主席核实出席大会的职工代表人数。其中，到会职工代表要不低于代表总数的2/3，方可宣布开会。

（2）由企业领导人作工作报告。报告的主要内容应包括生产经营管理情况、存在的问题及改进措施，企业发展计划、基本建设和重大技术改造方案，有关改善职工福利待遇的情况，等等。

（3）由企业行政有关负责人作专题议案的报告。凡应提交职工代表大会审查或审议的方案，均应由行政有关负责人向大会报告，说明制定的依据、目的和具体实施方案，也可针对职工代表对议案的意见，作出说明。

（4）由工会主席及职工代表大会专门小组负责人就上次职工代表大会决议落实情况、职工代表提案处理情况、集体合同执行情况等向大会作出报告。

（5）工会主席就职工代表大会闭会期间，职工代表团（组）长和专门小组负责人联席会议处理的重大事项，向大会作出说明，提请大会确认。

（6）以职工代表团（组）为单位，就以上报告、议案进行分组讨论。同时对大会的各项决议草案和需经大会选举的候选人进行酝酿。大会主席团成员分别参加本代表团（组）的讨论。

（7）各代表团（组）应指定专人认真记录职工代表的讨论

发言，整理归纳后，将讨论意见向主席团汇报。

（8）大会发言。安排代表在大会上发言，可由各代表团（组）推选代表，在大会上陈述本团（组）讨论审议的意见和建议，也可让职工代表自由发言。

（9）选举参加董事会、监事会、劳动争议调解委员会的职工代表，参加集体合同、工资集体协商的职工代表和企业领导人等；根据大会主席团的提名，表决通过职工代表大会专门小组的人选；表决通过其他需经职工代表大会选举的人员。

（10）对大会相关决议、决定、草案进行表决。

（11）致闭幕词，宣布大会结束。

15 职工代表团（组）长和专门委员会（小组）联席会议有哪些职责？

职工代表大会闭会期间，企业临时发生需要职代会审议的重要问题，或日常需要职代会审议或审查的重要问题，党政工领导研究沟通后，可发出召开职工代表团（组）长和专门委员会（小组）负责人联席会议的通知。

联席会议由企业工会召集，由工会主席主持。联席会议审议的事项需要提请下次职代会确认。涉及企业改革、改制、破产、重组、撤销等重大事宜，不在职代会联席会议审议之列，必须提交职代会处理。企业应制定职代会联席会议议事规则，防止联席会议超越权限行事。

注意：有关职工代表大会职权范围内的重要问题，主要有以下几项：（1）审议属于生产经营中需要临时解决的重要问题，提出意见和建议；（2）在协商一致的情况下，可以同意或者否决分配制度方案、奖金分配方案、劳动保护措施、有关规章制度等；（3）在协商一致的情况下，可以就部分福利基金的使用方案，以及涉及部分职工生活福利和重要事项作出决议；（4）听取职工代表评议干部的情况，研究提出对于干部奖惩和任免的建议，提交职工代表大会审议；（5）根据职工代表大会的授权，处理职工代表大会职权范围内的其他重大问题；（6）经营者和工会认为需要提交联席会议商定的问题。

16 职工代表大会与工会会员代表大会可以“两会合一”吗?

2019 年全国总工会印发的《基层工会会员代表大会条例》第四十三条明确规定，“会员代表大会与职工代表大会应分别召开，不得互相代替。如在同一时间段召开的，应分别设置会标、分别设定会议议程、分别行使职权、分别作出决议、分别建立档案”。

本条就当前基层工会普遍存在的“两会合一”问题作出了限制性规定，从制度上把会员代表大会与职工代表大会严格区分开来，具有很强的现实针对性。理解本条规定，应把握两层含义。

（1）会员代表大会与职工代表大会应分别召开，不得互相替代。这是一个禁止性规定，也是一个总的原则要求。基于上述分析，因会员代表大会与职工代表大会是两个不同性质的会议，不能相混淆，不得相互替代，应分别召开。

（2）如在同一时间段召开的，应分别设置会标、分别设定会议议程、分别行使职权、分别作出决议、分别建立档案。虽然不能搞“两会合一”，但考虑代表身份重合、代表集中困难等因素，可以在同一时间段内召开。比如，今天召开职工代表大会，明天可以召开会员代表大会。如在同一时间段召开的，因“两会”有诸多不同，应分别设置会标、分别设定会议议程、分别行使职权、分别作出决议，最后应分别建立档案。

17 如何确立职工代表大会的议题和议程？

职代会议题是指职代会依据法定职权与程序讨论的事项，凡涉及职代会职权范围内的事项都可以作为职代会议题，提交职代会履行相应的职权。职代会议程是指在职代会上讨论议题的程序。议程的设置取决于职代会讨论事项和对该事项行使的职权。职代会议题和议程应当由工会听取职工意见后与单位党政协商确定。

确定职代会议题和议程的一般程序为：（1）工会广泛征求、充分听取职工群众，特别是职工代表的意见和建议，提出议题和议程建议；（2）工会将拟定的建议方案与行政方协商，初步确定职代会的议题和议程草案；（3）将职代会议题和议程草案提交党委讨论通过；（4）提交职代会预备会议审议通过。

18 职工代表大会决议具有怎样的约束力?

《企业民主管理规定》第二十一条规定:“职工代表大会在其职权范围内依法审议通过的决议和事项具有约束力,非经职工代表大会同意不得变更或撤销。企业应当提请职工代表大会审议、通过、决定的事项,未按照法定程序审议、通过或者决定的无效。”这一规定体现了职工代表大会的权威性、严肃性,表明职工代表大会的决议对企业及全体职工均具有约束力,决议所涉及的相关人员必须按照决议的要求执行。职工代表大会通过的决议在内容和程序上均符合规定的,经公示后,具有法律效力。

19 职工代表大会决议形成的程序是怎样的?

(1)大会主席团根据职工代表大会对企业领导人的工作报告及其他各项议题进行审议的情况,起草决议草案。

(2)将决议草案提交职工代表团(组)讨论,提出修改意见。

(3)大会主席团集中各代表团(组)的意见,作进一步修改补充和完善。

(4)在职工代表大会上宣读决议草案,并征求职工代表意见。

（5）职工代表大会对决议草案进行表决形成最后决议。

20 职工代表大会选举和表决时为什么要以无记名投票方式分项表决?

选举和表决需要最大限度地保证其结果，是职工代表真实意思的表达。虽然口头表决、举手表决、无记名投票和记名投票等方式理论上都可以表达民意，但是在完全真实和无所顾忌的程度上是会受各种因素的影响而有所改变的，只有在完全无记名的前提下才能真正体现职工代表的真实意愿。但并不是所有的表决都要求采用无记名投票方式进行，对于简单的、程序性的问题，可以采用口头表决、鼓掌或举手表决。而职工代表大会进行选举和对实质性问题的决议进行表决时，则应当采用无记名投票方式分项进行表决。对涉及职工切身利益的重大事项必须采用无记名投票方式分项进行表决。这是因为职工代表大会有时需要对多个事项进行表决，而对不同事项，职工代表的意见并不一定是一致的，如果不采取分项表决的方式，职工代表则无法准确表达自己的意见。因此，除职工代表大会表决的事项是单一的内容外，都应当分项进行表决。

21 职工代表大会上哪些人员应当接受职工代表的民主评议？

职工代表大会上应当接受职工代表民主评议的人员包括：董事会和监事会中的职工代表；国有、集体及其控股企业的高级管理人员，事业单位负责人，以及按照有关规定应当接受职工代表大会民主评议的其他人员；企事业单位与工会协商确定应当接受职工代表大会民主评议的其他人员；法律法规规定应当接受职工代表大会民主评议的其他人员。

22 职工代表大会上如何开展民主评议？

在党委统一领导下成立筹备领导小组。进行思想动员、代表培训、征求代表意见。制定切实可行的实施方案；被评议人做好述职准备。由职工代表大会主席团负责组织实施，被评议人进行述职报告并形成文字材料。由职工代表填写民主评议测评表，采用无记名方式，参加测评的职工代表人数要符合召开职工代表大会的法定人数。在大会主席团领导下，公司工会办公室整理评议意见，统计测评结果，形成书面材料报职代会主席团。

23 职工代表大会的经费来源是怎样的?

根据《全国总工会财务部关于职工代表大会的费用由谁担负的通知》(工财字〔1981〕29 号)中提到，职工代表大会遵照党的方针、政策和国家的法律、指令，在党委领导下行使职权，正确处理国家、企业和职工个人三者利益关系，协调企业内部矛盾，保证完成国家计划和各项任务，办好社会主义企业，职工代表大会的工作是整个企业的工作，其开支费用应由企业负担。具体开支办法，不同地区有不同表述规定，如《财政部复吉林省财政厅〈对有关企业财务管理的几个问题的意见〉》中明确规定:“企业召开的党代会、职工代表大会，应当贯彻节约的精神，不发伙食津贴、不会餐、不看戏，一般不要开支会议费用。确属必要的少量的文件印刷费、会场布置费可以在企业管理费列支。”

24 职工代表大会闭会期间遇有急需解决的重大事项怎么办?

职工代表大会闭会期间遇有重大事项，经行政、工会或 1/3 以上职工代表的联名提议，可以召开职工代表大会临时会议，也可以召开代表团（组）长与专门委员会（小组）负责人联席会议。由工会负责召集职工代表大会代表团（组）长、工会委员会成员、各专门组负责人参加的联席会议，协商处理急需解决的重要问题。会议形成的决议，需向下一次职工代表大会报告予以确认。根据会议内容及需要，可邀请单位党政负责人及相关人员参加。设立职代会联席会议机制的单位，可通过召开联席会议，处理职工代表大会闭会期间急需解决的问题。

25 学校教职工代表大会具有哪些职权？

《学校教职工代表大会规定》指出，教职工代表大会的职权是：

（1）听取学校章程草案的制定和修订情况报告，提出修改意见和建议；

（2）听取学校发展规划、教职工队伍建设、教育教学改革、校园建设以及其他重大改革和重大问题解决方案的报告，提出意见和建议；

（3）听取学校年度工作、财务工作、工会工作报告以及其他专项工作报告，提出意见和建议；

（4）讨论通过学校提出的与教职工利益直接相关的福利、校内分配实施方案以及相应的教职工聘任、考核、奖惩办法；

（5）审议学校上一届（次）教职工代表大会提案的办理情况报告；

（6）按照有关工作规定和安排评议学校领导干部；

（7）通过多种方式对学校工作提出意见和建议，监督学校章程、规章制度和决策的落实，提出整改意见和建议；

（8）讨论法律法规规章规定的以及学校与学校工会商定的其他事项。

教职工代表大会的意见和建议，以会议决议的方式作出。另外，学校应当建立健全沟通机制，全面听取教职工代表大会提出的意见和建议，并合理吸收采纳；不能吸收采纳的，应当作出说明。

26 区域（行业）职工代表大会有哪些职权？

（1）知情建议权。听取区域经济社会发展情况、改善投资和生产环境等方面的报告，听取企事业单位生产经营管理、发展规划和社会公益福利事业等情况报告，听取区域（行业）劳动关系状况报告，并提出意见或建议。

（2）协商共决权。对涉及区域共性的职工合法权益、奖惩办法、劳动安全卫生保护措施、集体合同草案、工资调整方案和女职工权益保护专项集体合同草案等进行讨论、审议和表决。

（3）检查监督权。监督区域内各企事业单位遵守劳动法律法规、履行区域性集体合同或者专项集体合同情况，以及社会保险费缴纳情况、职代会决议的执行情况等。

（4）选举罢免权。选举、罢免职代会专门委员会成员以及参加平等协商的职工方代表。

（5）评议推荐权。对区域内企业的行政负责人及其他主要经营管理人员进行评议，并向上级有关单位或部门提出奖惩建议，推荐先进模范人物。

（6）依照法律、法规规定，或者经企业与所在区域工会组织协商确定需要由职代会行使的其他职权。

27 职工代表大会预备会议的主要任务和程序是什么？

职工代表大会预备会议的主要任务包括：由工会主席作大会筹备工作报告；由代表资格审查组组长向大会报告代表资格审查情况；由提案组组长向大会报告提案审查情况；审议通过大会主席团名单。并由与会代表审议并表决通过以上各项议程。

职工代表大会预备会议主要程序是：（1）选举大会主席团；（2）由工会主席汇报本届（次）职工代表大会的筹备情况，提出大会会议议题和议程的建议；（3）通过代表资格审查委员会（小组）作的代表资格审查报告；（4）审议通过职代会表决办法、选举办法；（5）审议通过职代会监票人、总监票人、计票人名单；（6）通过职工代表大会的议题和议程；（7）决定大会的其他有关事宜。

28 职工代表大会闭会后，职工代表需要开展哪些后续工作?

职工代表大会闭会期间，职工代表要积极宣传贯彻大会的各项决议或决定，做好有关工作：

（1）向所在单位（部门）职工汇报、宣传职工代表大会通过的决议或作出的决定，对职工群众不清楚的问题做好解释工作；

（2）收集周围职工对职工代表大会通过的各项决议、决定的意见，向所在职工代表团（组）反映；

（3）以实际行动影响和带动周围职工群众贯彻落实职工代表大会的决议和决定。

职代会闭会后，工会及专门委员会（小组）组织职工代表积极开展巡视检查工作，落实提案、决议措施，对提案处理进程进行跟踪，并向提案人反馈。工会收集落实情况，提交落实反馈情况报告。就会议筹备、组织召开联席会议、落实情况进行总结评价，将会议资料合订、归档。

29 如何推动职工代表大会决议事项的贯彻和落实?

职工代表团（组）是职工代表大会组织体系的重要组成部分，也是职工代表大会闭会以后，贯彻落实职工代表大会决议、开展民主管理活动的基础。为切实保证职工代表大会决议的贯彻落实，工会与职代会专门工作委员会要组织职工代表大会专门委员会和部分职工代表，通过会后检查、专题检查、总结检查等形式，对决议的落实情况进行检查督促，以推动职工代表大会决议事项的贯彻和落实。

30 哪些职工具有参选职工代表的资格？

《全民所有制工业企业职工代表大会条例》第十条规定："按照法律规定享有政治权利的企业职工，均可当选为职工代表。"《企业民主管理规定》第二十三条规定："与企业签订劳动合同建立劳动关系以及与企业存在事实劳动关系的职工，有选举和被选举为职工代表大会代表的权利。依法终止或者解除劳动关系的职工代表，其代表资格自行终止。"根据上述规定，当选职工代表基本条件是享有政治权利，与企业建立或存在劳动关系。

现实中，与企业或用人单位建立劳动关系的情况分为多种，有签订劳动合同建立劳动关系的，也有未签订劳动合同但存在事实劳动关系的；有以劳动合同的签订建立劳动关系的，也有以聘任合同、派遣协议、服务协议等方式建立直接或间接劳动关系的；有签订书面劳动合同建立劳动关系的，也有以口头形式订立劳动合同的。在实践中，我们主张以是否与企业或用人（工）单位存在事实上的直接或间接劳动关系为依据，只要享有政治权利，存在直接或间接劳动关系，该职工就享有选举和被选举为职工代表的权利。

31 如何选举职工代表?

《企业民主管理规定》第二十四条规定："职工代表应当以班组、工段、车间、科室等为基本选举单位由职工直接选举产生。规模较大、管理层次较多的企业的职工代表，可以由下一级职工代表大会代表选举产生。"《中华全国总工会办公厅关于规范召开企业职工代表大会的意见》规定："各选区按照分配名额，由工会负责组织职工直接选举职工代表。企业领导（高级管理）人员应当在相应的选区，参加职工代表的选举。管理层级较多的企业，参加上一级职代会的职工代表，可以在下一级职代会职工代表中选举产生，也可以由全体职工直接选举产生。"

上述规定表明，除人数极少的企业无法也无须划分选区外，企业选举产生职工代表一般应当按照一定的规则划分选区，企业选举产生职工代表都应当根据企业职工人数和单位设置状况，以班组、工段、车间、科室等为基本选举单位由职工直接选举产生，大型企业也可以车间（分厂、子公司、分公司）为单位。企业领导（高级管理）人员应当在相应的选区参加职工代表的选举。规模较大、管理层次较多的企业的职工代表，可以由下一级职工代表大会代表选举产生，工会在协商确定职工代表的比例和人数的时候，还应当考虑各个基层单位都要有适当比例的代表。

注意：职工代表资格审查委员会（小组）对选出的职工代表要进行资格审查。重点了解是不是本企业职工；是不是有本单位 2/3 以上的职工参加了选举，严格按照民主程序选举，经本单位全体职工过半数同意产生的；是否有不正当的参选行为，等等。对不符合规定的，应取消其代表资格。《中华全国总工会办公厅关于规范召开企业职工代表大会的意见》（总工办发〔2011〕53 号）要求："工会应当按照企业职代会实施办法（细则）制定职工代表选举方案；负责对职工代表条件、产生程序、人员构成比例等进行审核，并将职工代表名单进行公示，接受职工监督。"

32 企事业单位职工代表的比例和构成有哪些规定？

《企业民主管理规定》第九条规定："职工代表大会的代表由工人、技术人员、管理人员、企业领导人员和其他方面的职工组成。其中，企业中层以上管理人员和领导人员一般不得超过职工代表总人数的百分之二十。有女职工和劳务派遣职工的企业，职工代表中应当有适当比例的女职工和劳务派遣职工代表。"

根据以上规定，职工代表大会的职工代表首先必须是企业的职工，既包括企业的普通职工，也包括企业的技术人员、管理人员以及领导人员，这是从不同身份的企业职工都有代表的角度来保证职工代表大会具有广泛的代表性。该规定之所以对企业职工代表大会中管理人员、领导人员的比例加以限制，主要是为保证职工代表大会充分地代表广大职工群众，保证职工代表大会不会变成企业管理人员的管理会议。当然，这一规定也并不是绝对的刚性规定，对于特殊情况的企业，如主要或者多数的职工群体是管理人员，这一限制性规定也是可以有条件地放宽，如对大型、特大型企业集团，中层以上管理人员比例可适当放宽到 25%，但是应当与工会协商确定。

与此同时，为保证企业的不同利益群体都有自己的职工代表，《企业民主管理规定》第二十四条还要求“职工代表应当以班组、工段、车间、科室等为基本选举单位由职工直接选举产生。规模较大、管理层次较多的企业的职工代表，可以由下一级职工代表大会代表选举产生”，这也是确保职工代表大会具有普遍、广泛代表性的有效举措。

33 职工代表大会可以邀请哪些人员作为列席代表和特邀代表？

根据实际需要，职工代表大会可以邀请一些企业有关人员作为职工代表大会的列席代表和特邀代表。这样可以使职工代表大会更具有广泛的代表性，决策更加科学、民主。其中列席代表可以是没有当选为职工代表的单位领导、有关部门负责人、相关利益职工群体的代表、企业主管部门代表、有关部门（组织）代表，也可以是本公司的职工家属等。有的单位，参加民主党派的知识分子较多，可选派代表，代表民主党派列席会议。根据规定，列席代表的人数不得超过正式代表的1/5。特邀代表可以是原单位党政工领导、曾经作出特殊贡献的人员和具有特殊荣誉称号的人员。

列席代表和特邀代表在职工代表大会上可以发表意见和提出建议，但没有表决权、选举权和被选举权。列席代表、特邀代表仅限本次职工代表大会有效，可不参加全部会议议程。邀请列席代表、特邀代表参加职工代表大会的会议议程，应根据会议内容需要决定，由会议工作机构通知出席。列席代表、特邀代表不能当选为职工代表大会主席团成员，不参加会议主席团工作，可参加专门委员会（小组）工作。

34 什么是职工代表常任制？

为了保障职工代表大会工作经常化、制度化，使职工代表队伍相对稳定，便于对职工代表的组织管理，就需要建立一套比较完善的组织机构和工作制度。《企业民主管理规定》第二十六条规定：“职工代表实行常任制，职工代表任期与职工代表大会届期一致，可以连选连任。”

《企业民主管理规定》第十条规定：“职工代表大会每届任期为三年至五年。”《中华全国总工会办公厅关于规范召开企业职工代表大会的意见》（总工办发〔2011〕53号）中也提到“企业职代会实行届期制，每三至五年为一届，到期应当及时换届”，根据以上规定，职工代表的任期为3～5年。职工代表在任期内调离本企业或退休时，代表资格自行终止，缺额由原选举单位按照规定补选，补选办法和程序与选举职工代表的办法和程序相同。

职工代表实行常任制是代议制民主的具体表现形式之一，是指每次职工代表大会完成换届选举任务后，在职工代表大会每届任期内，职工代表的资格持续有效，不再重新进行选举。职工代表常任制的基本特点是：职工代表资格是常任的，任期与职工代表大会每届任期相同：职工代表大会实行年会制，每年至少举行一次会议；职工代表有组织地参加职工代表大会会议及闭会期间的活动，在任期内始终发挥作用。

职工代表常任制可以有效地保证按时、及时召开职工代表大会。职工代表常任制可以使职工代表有更多的机会、更充分的时间提高自身素质，持续研究民主管理工作，不断提高民主管理水平；职工代表大会常任制还可以大大减少代表选举工作的负担，职工代表大会在任期届满之前，可以经常召集。职工代表大会会议的效率也可以提高；职工代表是常任的，要对选举他们的单位负责，因此有利于促使职工代表经常地、深入地了解职工群众的意见和建议，在职工代表大会上，就可以更充分、更有效、更好地发挥代表作用，而在职工代表大会闭会期间，可以有效地监督职工代表大会决议的执行和企业各项工作的开展。

35 罢免职工代表的条件和程序是什么?

《企业民主管理规定》第二十五条规定:“选举、罢免职工代表,应当召开选举单位全体职工会议,会议应有三分之二以上职工参加。选举、罢免职工代表的决定,应经全体职工的过半数通过方为有效。”根据上述规定,选举、罢免企业职工代表都要按照规定的程序进行,即召开选举单位全体职工会议,会议应有选举单位全体职工的2/3以上的人员参加。罢免职工代表进行表决时,应由实际参加会议的职工进行投票表决,只有赞成票超过全体职工的过半数通过方为有效。

职工代表在任职期间有严重损害国家、企业和职工的利益,严重违反劳动纪律和规章制度,或触犯刑律者,选举单位可以依据一定的民主程序罢免和撤换,更新补选。罢免和撤换职工代表的程序是:

(1)选举单位或职工群众发现职工代表有违法乱纪或严重失职行为,都可以向职工代表大会主席团或职代会工作机构提出罢免和撤换的要求。

(2)主席团或工会委员会,要及时对被要求撤换的代表的问题组织调查核实,提出意见,提交原单位撤换。

(3)召开原选举单位的全体职工会议讨论,经半数以上职工同意撤换方为有效。被撤换的职工代表可以出席会议,允许提出申诉意见。

（4）罢免或撤换职工代表的意见，要及时报职工代表大会主席团或工会，经主席团或职代会联席会议讨论通过后，方能撤销其职工代表的资格，并张榜公布。

36 职工代表在参加职工代表大会前应该做好哪些工作？

在职代会召开前，职工代表需要做好如下准备工作：

（1）熟悉材料，认真阅读领导的工作报告（讨论稿）和各项需审议讨论的方案等有关文件，充分了解和掌握大会的中心议题；

（2）调查研究，围绕中心议题，广泛听取职工的意见和建议，并加以整理；

（3）反映意见，将整理好的意见和建议，以口头或书面形式反映给所在职工代表团（组）；

（4）提出提案，在广泛征求群众意见和深入调研的基础上，提出职工代表的提案，提案应有实际内容，既要提出意见和要求，还要提出解决问题的办法和整改的措施。

注意：《企业民主管理规定》第二十九条的要求，“职工代表应当履行下列义务：（1）遵守法律法规、企业规章制度，提高自身素质，积极参与企业民主管理；（2）依法履行职工代表职责，听取职工对企业生产经营管理等方面的意见和建议，以及涉及职工切身利益问题的意见和要求，并客观真实地向企业反映；（3）参加企业职工代表大会组织的各项活动，执行职工代表大会通过的决议，完成职工代表大会交办的工作；（4）向选举单位的职工报告参加职工代表大会活动和履行职责情况，接受职工的评议和监督；（5）保守企业的商业秘密和与知识产权相关的保密事项”。

37 职工代表应该如何参与企事业单位的日常民主管理工作？

职工代表通过以下几个方面参加日常民主管理活动来发挥作用：

（1）根据职代会通过的年度生产经营目标，积极组织和带动职工通过开展合理化建议、劳动竞赛等，完成各项工作任务。

（2）带领职工积极贯彻和落实职代会通过的各项决议，及时反映生产经营中出现的问题和决议执行中出现的新情况，对各种损害国家、企业和群众利益的现象提出批评，或向有关部门反映，敦促有关部门纠正和解决。

（3）参加职工代表团（组）的职工代表巡视检查活动，积极提出问题，对重要问题要做好记录。

（4）参加职工代表大会有关专门小组组织的民主质询、民主对话及其他活动。

（5）参加职工代表大会决议贯彻落实情况的检查监督工作。

（6）在车间、班组民主管理中发挥骨干作用。

38 如何依法保护职工代表履职工作?

《企业民主管理规定》第三十条明确规定，“职工代表履行职责受法律保护，任何组织和个人不得阻挠和打击报复。职工代表在法定工作时间内依法参加职工代表大会及其组织的各项活动，企业应当正常支付劳动报酬，不得降低其工资和其他福利待遇。”这一规定主要侧重对职工代表履职的保护而提出的，其目的是从法律、法规和制度规定的角度出发，对职工代表依照法定程序行使职权的行为，企业不能阻挠限制，更不能因对职工代表行使职权所产生的结果不满而对职工代表进行打击报复。

职工代表履行职责受法律保护，任何组织和个人不得阻挠和打击报复。与此同时，职工代表因参加职工代表大会及其工作机构组织的各项活动而占用生产或者工作时间的，企业必须予以支持和配合，视其为正常参加了生产劳动，而不能视其为缺勤，更不能因此停发、减发职工代表的工资以及享有的其他福利待遇。

39 职工代表的补选和撤换需要哪些条件，要遵循哪些程序?

（1）补选和撤换职工代表的条件：《企业民主管理规定》第

二十六条规定，“职工代表实行常任制，职工代表任期与职工代表大会届期一致，可以连选连任。职工代表出现缺额时，原选举单位应按规定的条件和程序及时补选”。职工代表在任期内调离选举单位或离退休、停薪留职、死亡，其代表资格自然消失或停止，缺额由原单位按规定补选。《企业民主管理规定》第二十七条指出，“职工代表向选举单位的职工负责并报告工作，接受选举单位职工的监督”。而多数省份或单位《职工代表大会条例》也有类似规定，“职工代表对选举单位的职工负责。选举单位的职工有权监督或者撤换本单位的职工代表”。如职工代表不具备代表条件时，原选举单位有权要求撤换：①因违法乱纪，被依法剥夺政治权利或被企业开除的，应立即取消代表资格；②无故不参加职工代表大会，不履行职工代表职责，严重失职的；③因长期病事假、脱产学习等情况不能参加职工代表大会及其他民主管理活动的；④出于其他原因不能履行代表义务而失去原选举单位职工信任的。

（2）补选和撤换职工代表的程序：①选举单位或单位三分之一以上职工提出撤换职工代表的要求，工会应及时进行调查核实；②工会核实答复后，原选举单位召开会议，被撤换的职工代表可以参加会议并提出申辩；③经半数以上职工同意，可作出撤换职工代表的决定，并将决定报告工会；④职工代表被撤换后，其所在单位应及时补选，选举新的职工代表，经审查批准后，替补被撤换的职工代表。

40 如何组织和开展职工代表的巡视检查工作？

职工代表巡视制度，是职代会闭会期间企业开展民主管理工作的有效形式，落实职工代表巡视制度，发挥职工在民主参与、民主管理、民主监督中的作用，能充分激发职工的主人翁责任感，并积极投身企业发展中。

职工代表巡视检查人员组成，应坚持三方原则，即由职工代表、工会、行政业务主管部门人员组成，其中以职工代表为主。例如，可以成立巡视检查团，巡视检查人员中可以有党政管理人员、工会干部、专业技术人员、生产一线工人、劳模和女职工代表，使其具有广泛的代表性。职工代表巡视检查活动由工会牵头组织，有关业务部门协办，被检查部门应积极配合。

职工代表巡视检查的主要内容有：（1）职代会决议、决定的落实情况；（2）企业经营、生产及重点工程建设情况；（3）厂务公开制度的执行情况；（4）集体合同的履行情况；（5）职工代表提案的办理情况；（6）安全生产、劳动保护等涉及职工切身利益的事项和相关制度规定的执行情况；（7）职工普遍关心的其他问题的落实情况，等等。

职工代表巡视检查的步骤是：（1）调查摸底。首先对本单位各项管理及各部门的工作情况进行必要的调查摸底，做到心中有数，找准目标，明确重点。（2）选派代表。应当把思想品德好、业务能力强、工作作风硬的代表推选出来，组成若干小组。（3）召开预备会。代表选出后，要召集代表和有关业务部门人员开好预备会。会上要讲明意义、巡视检查的内容及有关要求，同时通知受检部门做好安排。（4）巡视检查。按计划安排，组织职工代表对受检部门进行巡视检查。可根据实际情况做安排，一般每年进行 1 ～ 2 次。（5）评议阶段。职工代表对巡视检查的结果要当场进行评议、总结经验、指出问题、提出整改意见。（6）意见反馈。对职工代表所提出的意见，应在规定的时间内及时整改，并将整改的措施及整改进展及时反馈给职工代表，反馈时间一般不超过 15 日。（7）总结通报。每进行完一次巡视检查活动，都要作出书面总结。

41 劳务派遣工、农民工能否当选职工代表？

《企业民主管理规定》第九条规定，“有女职工和劳务派遣职工的企业，职工代表中应当有适当比例的女职工和劳务派遣职工代表”。

2014 年 9 月，《国务院关于进一步做好为农民工服务工作的意见》第十九条明确规定，保障农民工依法享有民主政治权利。积极推荐优秀农民工作为各级党代会、人大、政协的代表、委员，在评选劳动模范、先进工作者和报考公务员等方面与城镇职工同等对待。创造新办法、开辟新渠道，支持农民工在职工代表大会和社区居民委员会、村民委员会等组织中依法行使民主选举、民主决策、民主管理、民主监督的权利。

近年来，不少省、自治区、直辖市在制定和修订地方性法规上，都加入了农民工、劳务派遣工参与民主政治的条款，比如《甘肃省职工代表大会条例（试行）》中明确规定："农民工、劳务派遣工比较集中的单位应当有相应比例的农民工、劳务派遣工代表。"

42 新就业形态劳动者是否可以参选职工代表？

共享经济下我国出现了许多新的就业形式，这些新就业形态劳动者利用自身的技能、资源、兴趣爱好等，以自雇者的身份，借助"互联网 +"平台，从第三方获取收入，具有工作时间灵活、收入浮动较大等特点。例如网约车驾驶员、快递员、送餐员、共享单车"潮汐工"等群体都属于新就业形态劳动者。新型的就业形式吸纳了大量的劳动力，为其提供就业岗位，同时带来了更加便捷的服务。但是我国新就业形态劳动者作为一个新的就业群体，其劳动关系特点不同于传统劳动关系，传统的劳动法律法规对新型的就业形态缺乏适应性，无法对其进行调整，于是新就业形态劳动者在维护合法权益时产生了诸多障碍，这些问题都已经逐渐演变为社会问题。对新就业形态劳动者权益的保护应随着我国社会经济的发展而得到加强，而能否参与民主管理，参选职工代表就是其中一项值得探讨的内容。

当前我国劳动法律法规是在传统的用工形式下发挥作用

的，即劳动者与用人单位之间存在明确的用工关系，签订正规的劳动合同。《企业民主管理规定》第二十三条规定："与企业签订劳动合同建立劳动关系以及与企业存在事实劳动关系的职工，有选举和被选举为职工代表大会代表的权利。依法终止或者解除劳动关系的职工代表，其代表资格自行终止。"而在"互联网 +"模式下，外卖平台用工呈现出新的特点。首先，用工平台虚拟化，即外卖小哥的工作组织大部分是通过手机软件接单，而非通过传统的现实存在的企业接单；其次，工作时间弹性化，即外卖骑手的工作时间已经不是传统的朝九晚五，而是根据派单时间进行工作，工作时间可长可短，可早可晚；最后，管理手段虚拟化，即平台对于外卖骑手的管理，已不再是通过企业的管理者进行，而是通过平台的规则对外卖骑手进行约束。所以，新就业形态劳动者与用工平台之间没有签订正式的劳动合同，没有形成传统意义上的劳动关系。

《企业民主管理规定》第十五条指出："县级以下一定区域内或者性质相近的行业内的若干尚不具备单独建立职工代表大会制度条件的中小企业，可以通过选举代表联合建立区域（行业）职工代表大会制度，开展企业民主管理活动。工会负责组织建立区域（行业）职工代表大会制度。区域（行业）工会作为区域（行业）职工代表大会的工作机构承担日常工作。"2021年7月，八部委出台的《关于维护新就业形态劳动者劳动保障权益的指导意见》将新就业形态分为依法与劳动者订立劳动合同的、不完全符合确立劳动关系情形以及个人依托平台自主开展经营活动、从事自由职业三种情况。其中确立劳动关系的劳动者，毫无疑问具有成为职工代表的合法资格。2021 年 9 月，中华全国总工会印发了《关于推进新就业形态劳动者入会工作的若干意见（试行）》，对新就业形态劳动者加入工会有几大关键性问题——“怎么建”“入到哪”“怎么入”“怎么管”以及经费保障、组织领导等作出规定。

随着互联网的发展，新就业形态劳动者的规模会不断扩大，为新就业形态劳动者建立行业工会已经成为大势所趋。只要新就业形态劳动者所属的行业工会入会人数达到一定标准，入会人员具备当选职工代表的条件，行业工会就可以通过从不同平台企业选举代表建立行业职工代表大会制度，开展企业民主管理活动，其中行业工会可作为行业职工代表大会的工作机构承担日常工作，上级工会可适当给予资金、政策、培训等方面的支持，通过行业工会建立的职工代表大会代表新就业形态劳动者与商家、用工平台协商薪酬待遇、工作时间等劳工权益，还要加强闭会期间的日常民主管理，为新就业形态劳动者提供法律援助，还可以组织新业态从业人员培训等，提高他们工作的积极性。

43 企业合伙人、职业经理人能当选为职工代表吗？

《企业民主管理规定》第九条规定：“职工代表大会的代表由工人、技术人员、管理人员、企业领导人员和其他方面的职工组成。”

判定企业合伙人及职业经理人能否当选职工代表，从劳动关系来看，主要依据为是否与企业建立或存在劳动关系。从劳资关系上看，职工代表属于劳方代表，企业合伙人一般是以出资人身份参与企业经营管理与利润分配，如果判定他们属于资方或资方代表，原则上不建议其当选职工代表。

企业聘请的职业经理人一般需要与企业签订劳动合同或聘任合同，劳动部关于印发《关于贯彻执行〈中华人民共和国劳动法〉若干问题的意见》的通知（劳部发〔1995〕309 号）中提出，“根据劳动部《实施〈劳动法〉中有关劳动合同问题的解答》（劳部发〔1995〕202 号）的规定，经理由其上级部门聘任（委任）的，应与聘任（委任）部门签订劳动合同。实行公司制的经理和有关经营管理人员，应依据《中华人民共和国公司法》的规定与董事会签订劳动合同”。依据上述法律规定，职业经理人与单位应签订劳动合同，建立劳动关系。实践中也存在不少用人单位与职业经理人之间签订聘用（任）合同或者劳动合同的。无论职业经理人与用人单位签订的是劳动合同还是聘用（任）合同，其事实劳动关系都存在。由此可以推断，职业经理人属于劳方，可以当选职工代表。

44 什么是职工代表大会提案？提案与合理化建议有何不同？

职代会提案是职工代表提请职代会讨论、决定、处理的方案和建议，具体是指职工代表就单位的生产经营管理和职工普遍关心的问题，在广泛征集职工意见、调查研究的基础上，按照规定的程序，在规定的时间内向职代会提出，经工会或职代会提案工作委员会（小组）审查立案后，由单位相关部门或人员承办落实的书面意见和建议。

职代会提案与合理化建议的不同：

（1）性质不同。职代会提案一般是指职工代表对企事业单位生产经营管理、薪酬福利、劳动保护、教育培训等方面提请职代会讨论决定、立案处理的重大问题。合理化建议一般是指职工群众要求解决生产经营、单位管理、改革发展中的具体问题，向行政相关部门或工会提出的符合法律法规、具有可行性的改进完善意见。合理化建议是企事业单位发动职工建言献策的一项活动。

（2）内容不同。职代会提案内容相对广泛，可以对涉及单位改革和发展的重大事项提出建设性意见，也可以对职工普遍关心的重要事项提出具体建议，但不应超出职代会职权范围。合理化建议通常是专门针对单位的生产经营和完善管理方面提出有关建议和意见，具有特定性。

（3）参与对象不同。职代会提案由职工代表提出。合理化建议则是单位内所有职工均可参与。

（4）征集时间不同。职代会提案一般是在确定职代会召开后开始征集，截止日期不一，有的单位是在职代会召开前几天。合理化建议基本上全年都在征集，当然，也有单位习惯于把每年的某个月定为集中开展某项专题的合理化建议月。

（5）规范化程度不同。职代会提案制度化、规范化程度较高，包括提案思路、规范填写、提交流程、评价奖励都有专门的制度规定。提案一般应以书面方式提出，一事一案。合理化建议规范化程度较低，随意性和自发性较强。职工可以采取口头或书面形式，也可以是直接或间接反映。

45 如何开展职工代表大会提案的征集、分类和审理工作?

在职代会召开之前，企事业单位工会要会同职代会提案工作委员会（小组）切实做好提案征集工作，重点做好以下几项工作：

（1）思想引领。工会要通过发放通知的形式，向职工代表讲明提案的目的、意义，动员职工代表积极提出提案。要重点动员有责任心、能力强的职工代表，尤其是技术和管理骨干撰写提案。一般来讲，在重要岗位的职工代表对该专业领域的发展现状、发展方向和相关要求有更全面、更准确的认识。

（2）指引方向。工会要组织职工代表以围绕单位的生产经营管理为中心，从深化改革、转型发展、结构调整、节能降耗、技术改进、管理科学、队伍建设等方面的薄弱环节入手提出提案；也可以从本单位实际出发，在职工的劳动保护、生活福利和文化娱乐活动等方面提出提案。尤其是要深入宣传本次职代会的中心议题，围绕单位的生产经营管理等重点工作，使提案能集中反映单位的全局性、重点性工作。

（3）创造条件。工会要先把提案征集表发到职工代表手中，指导职工代表认真开展调查研究，听取和征求职工群众的意见和建议。必要时组织专业人员帮助职工代表一起想办法，完善整改措施。

（4）指导提案的撰写工作。工会要指导和帮助职工代表厘清提案的写作思路，从提出问题、分析问题、解决问题及改进工作的措施等方面撰写提案，确保提案的内容与格式符合要求。对撰写提案有困难的职工代表，可以组织相关人员进行帮助。

在工作实践中，提案的审理分类工作一般由提案工作委员会（小组）负责，不设提案工作委员会（小组）的由工会会同行政处理。一是区分是不是重大提案。重大提案应交由大会主席团讨论，并列入职代会的正式议题；非重大提案按照受理部门分类。二是按照处理方式的不同进行分类，可以分为立案、调查、解释、暂缓处理等。对符合政策规定，本单位有能力又确实需要解决的提案，做立案处理。凡立案的，都要进行整改，立案数占全部提案数的比例称为立案率，立案率是衡量提案质量的一个标准。

注意：调查，即对提案的内容、可行性做深入了解和研究，暂时不立案的，待调查研究后再作出决定。解释，即对不符合政策，或者本单位无法解决的提案，向职工代表作出解释。暂缓处理，即对符合政策，但本单位目前缺乏解决能力的，留待以后解决。

46 职工代表大会提案从内容上如何分类?

在职代会的职权范围内，涉及企事业单位生产经营管理和改革发展、职工权益维护等事项的，都可纳入职代会提案的范畴。如单位生产经营、决策管理、工资福利、劳动保护、干群关系、教育培训、文化建设等方面。职代会提案的内容主要包括以下几个方面：

（1）涉及企事业单位重大决策的事项。如单位中长期发展规划投资和生产经营重大决策方案；单位改革、改制方案；兼并、破产方案；重大技术改造方案；职工裁员、分流、安置方案等重大事项。

（2）企事业单位经营管理方面的重要事项。如年度生产经营目标及完成情况；财务预决算情况；工程建设项目的招投标情况；大宗物资采购供应情况；单位内部经济责任制落实情况；重要规章制度的制定情况，等等。

（3）涉及职工切身利益方面的事项。如劳动法律法规的执行情况；劳动合同、集体合同的签订和履行情况；职工工资奖金分配、奖罚与福利情况；职工社会保险金缴纳情况；专业技术职称的评聘情况；评先评优的条件、数量和结果情况；单位安全生产和劳动保护措施情况；职工的培训方案与计划落实情况，等等。

（4）单位党风廉政建设方面的事项。如职代会民主评议领导干部的情况；单位中层领导干部、重要岗位人员的选聘和任用情况；领导干部廉洁自律规定的执行情况；单位业务招待费的使用情况；单位主要领导干部的工资（年薪）、奖金、津贴、用车、通信工具以及出国出境的费用支出情况，等等。

47 做好职工代表大会提案工作的基本原则有哪些?

（1）民主原则。职工代表大会制度是一项基层民主制度，需要企事业单位充分发扬民主、拓宽民主管理渠道，倾听职工的意见和建议，妥善解决职工提出的难点、焦点问题。只有坚持民主原则，广开言路，凝聚广大职工的智慧和力量，才能真正收集到好建议、好提案。

（2）依法依规原则。企事业单位根据法律规定开展职代会提案工作；撰写提案是职工代表依法享有的权利和应履行的义务；提案的内容要在职代会职权范围内，职工代表所提出的意见和要求应当符合法律法规和政策的规定。

（3）促进企事业单位发展与维护职工权益相统一原则。职代会制度不仅是为了保障职工的民主权利，维护职工的合法权益，也是为了促进企事业单位的发展。职代会提案工作和职代会的宗旨与目标是一致的，既要维护职工权益，也要替企事业单位考虑，推动企事业单位的改革发展。因此，职工代表在撰写提案时，要有全局观，多从单位的角度进行思考，提出好建议。

（4）实事求是原则。职代会提案要考虑相关事项解决的条件及可能性。无论是提出提案，还是工会或职代会提案工作委员会（小组）进行审查立案，都要考虑到本单位的实际情况，一切从实际出发。

（5）规范管理原则。职代会提案工作有严格的工作程序和规范化的要求，尤其是提案的征集、办理和督办等工作，事关提案的严肃性和可行性。因此，在处理提案工作时，要严格按程序进行，并强化执行力，确保职代会提案工作的实效。

48 职工代表大会提案工作有哪些流程？

（1）征集。在职代会召开前一个月，由工会或提案工作委员会（小组）发出征集提案的通知，集中向职工代表发放提案征集表。

（2）撰写。职工代表在深入开展调查研究、认真听取和收集职工意见的基础上，按照规范的要求来撰写提案。

（3）审查。各代表团（组）收集提案并形成报告送交工会或提案工作委员会（小组）。工会或提案工作委员会（小组）根据以下标准审查汇总，分析提案是否能立案：一是看是否符合政策法规；二是看是否属于职代会的职权范围；三是看是否有实施的价值和必要。

（4）立案。工会或提案工作委员会（小组）对符合标准的提案进行立案，并分类登记，然后送行政主要领导或有关部门进行处理和实施。重大问题的提案应该提交职代会讨论。因不具备条件而不能落实的提案，要向提案人说明情况。

（5）执行。在确定具体实施部门以后，工会或者提案工作委员会（小组）应督促其在一个月内根据提案要求制订落实计划，做到“三定”，即定部门、定人员、定进度。工会或提案工作委员会（小组）对提案的落实情况进行检查和督促，并加强同有关部门及提案人的沟通联系，为提案的实施创造条件。

（6）反馈。无论是已落实的提案还是没有落实的提案，工会或提案工作委员会（小组）都要通过一定的形式向提案人反馈处理结果，并征求提案人和附议人的意见。

（7）总结。工会或提案工作委员会（小组）对提案的落实情况及时进行总结和归档，并形成书面报告，在下次职代会上报告提案的处理及落实情况。

49 如何处理职工代表大会提案？

企事业单位工会或职代会提案工作委员会（小组）负责对征集的提案进行归类整理和审查，处理提案通常分以下两种情形：

（1）经审查不予立案的，可根据不同情况退回或作为一般意见、建议处理。作为一般意见、建议处理的提案由提案工作委员会（小组）或工会以适当的方式向提案人说明情况。此外，对按照意见处理的提案，也要提交相关职能部门答复，并及时向职工代表反馈。

（2）凡确定正式立案的提案，由提案工作委员会（小组）或工会进行整理、合并，重新编号。对确定立案的提案，部分单位召开提案落实会议，由单位行政负责人主持，职代会提案工作委员会（小组）成员单位工会领导、相关职能部门负责人参加，将提案逐条进行落实。一是明确落实提案的主办部门、协办部门；二是明确完成时间。还有些单位尽管不专门召开提案落实会议，但提案工作委员会（小组）或工会将立案的提案送至有关领导审阅。经领导签署意见后，再交付有关单位（部门）办理。

有些单位工会在将已经立案的提案送交承办单位（部门）处理时还附上相关说明书。说明书的主要内容如下："× 处、室负责人：经本届职代会提案审理委员会审定、主管领导批准，编号为 × 的提案送达该部门处理，请认真审阅，并请在 ×××× 年 ×× 月 ×× 日前提出处理意见，上报工会。为尊重职工的意见和提高办理效率，请您及时与提案人取得联系。"这一做法主要是保证提案处理工作更加规范。

承办提案的单位或部门接到提案后，要认真研究提案，凡是有条件解决的问题，拿出实施方案，列入年度工作安排；凡因条件所限，不能马上解决的问题，制订计划，创造条件解决；凡无法解决的问题，要本着实事求是的态度，与提案人做好沟通解释工作，获得提案人的理解。

注意：在实践中，提案的办理结果通常有四种：一是已经解决或基本解决所提的问题；二是正在解决或已列入规划逐步解决的问题；三是因条件限制暂无法解决的问题；四是所提建议、提案供有关部门参考。

50 职代会提案工作与哪些主体有关?

（1）企事业单位工会。根据《企业民主管理规定》的相关规定，企业工会是职工代表大会的工作机构，负责职工代表大会的日常工作，其重要的一项职责就是征集职代会提案，提出关于职代会议题的建议。工会要通过各种形式在职工群众中进行广泛的宣传动员，积极引导职工群众主动将意见和建议反映给本单位的职工代表。工会还要定期审查提案，促进落实，并实行提案管理，完善提案制度。

（2）职工代表。职工代表是企事业单位职代会的参与主体，也是从事提案工作的主体。职工代表的主要任务是在调查研究、分析思考的基础上，认真负责地提出提案。职工代表要提出高质量的提案，不仅要思想重视、方法得当，还要熟悉党的方针政策、国家的法律法规，并对单位生产经营和管理的有关情况以及职工群众的意愿与要求有准确的认识与把握。职工代表要本着对单位和职工高度负责的精神，积极履行好提案工作义务。

（3）职代会代表团（组）。职代会各个代表团（组）是职代会组织体系的组成部分。在职代会提案工作方面，代表团（组）应做好本团（组）的提案征集工作，并协助承办部门做好协调沟通工作。具体来说，代表团（组）在提案工作中的责任主要有以下两点：一是承担宣传、收集、整理和提案预审的工作。提案征集工作虽然由提案工作委员会（小组）具体负责，但各代表团（组）是直接面对职工代表的第一责任人，承担着宣传、初审等具体工作，尤其是要组织和指导职工代表提出高质量的提案。二是承担组织协调的工作。能否提出高质量的提案，除了提案人的积极主动、职工代表的自身素质等因素，职工代表团（组）的组织引导作用也很重要。

（4）职代会提案工作委员会（小组）。该机构的具体名称在不同单位也不一样，比如有提案委员会、提案审理委员会、提案工作委员会等名称。严格来说，这不仅仅是名称的区别，还会涉及该组织的定性，即关系所承担的职责和任务上的差异性。作为职代会的一个专门委员会，本书采用多数单位使用的提案工作委员会（小组）这一名称，提案工作委员会（小组）主要承担着征集立案与检查监督行政处理落实提案的双重职责。在部分单位，职代会提案工作委员会（小组）直接承担具体工作，是职代会提案工作的责任主体。但对于大多数单位来说，提案工作委员会（小组）在某种意义上是一个松散的组织机构，组成人员都是兼职。没有工会组织的重视与支持帮助，提案工作委员会（小组）的工作是难以顺利进行的。因此，许多单位的提案工作委员会（小组）的具体工作由工会组织来协调处理。

（5）企事业单位行政。职代会提案工作作为企事业单位民主管理工作的重要组成部分，需要企事业单位行政及各职能部门的重视、支持和配合。企事业单位行政负责职代会提案处理工作，将处理落实情况向提案人通报，向职代会报告。从某种意义上说，在整个职代会提案工作的组织体系中，行政作为承办提案的责任主体起着至关重要的作用。这是因为，若处理提案不力，职工代表好的意见与建议得不到有效落实，不仅影响职代会提案处理落实的效果，也是对职工代表主人翁地位的不尊重，影响职工代表参与的积极性，进而影响下次职代会提案的质量。

51 如何做好提案的督办工作?

企事业单位工会或职代会提案工作委员会（小组）是落实办理提案的具体督办部门，一般通过送达提案立案通知书、向承办部门送达征集表等形式进行提案立案的监督与落实。提案的跟踪落实，一般由企事业单位工会同行政办公室负责，也可以由职代会提案工作委员会（小组）等专门机构协助。

督办工作的主要内容：一是定期或不定期了解一般提案的进展情况；二是对重点提案实行重点跟踪，与有关部门保持密切联系，不断督促其抓紧落实；三是对不熟悉提案承办要求的部门和个人，给予必要的指导；四是对由不同部门办理的同一个提案，协调相关部门统筹进行；五是发现问题时，及时提出整改建议。

督办工作程序主要有以下几个环节：

（1）制定措施。督促制订实施计划和落实措施，做到“三定”，即定部门、定人员、定进度。定部门，就是确定主要负责部门，由其牵头协调和落实措施；定人员，就是明确由谁具体实施；定进度，就是确定落实提案的时间。

（2）听取意见。工会或职代会提案工作委员会（小组）以电话、书面、座谈的形式，就落实措施内容征求提案人的意见，必要时可以请落实部门的相关人员、提案人直接沟通，进一步听取意见。

（3）跟踪落实。工会或职代会提案工作委员会（小组）组织提案人、职工代表根据提案落实进度和具体措施对相关部门的落实情况进行检查，检查后，双方交换意见。对落实好的部门要肯定成绩，对落实不好的部门要提出建议，对落实有困难的部门则要想方设法予以帮助。当然，处理相关提案的职能部门负责人也要及时催办直接责任人，帮助协调解决具体问题，因条件不具备而一时不能解决的提案，要制订计划和议案，创造条件逐步解决。

（4）满意度测评。提案落实后，由工会负责组织职工代表对提案落实情况进行满意度测评，对满意度低的提案提出整改意见和建议。

注意：在实践中，有的单位还建立了“三见面”制度，有较好的效果。“三见面”制度的内容是：受理部门收到提案后立即同提案人见面，进一步听取情况的介绍；受理部门提出措施后同提案人进行第二次见面，听取意见；提案落实后，同提案人进行第三次见面，听取提案人对提案落实情况是否满意的意见。

52 如何做好职代会提案的答复与反馈工作?

立项的提案，无论是已落实的还是未落实的，都要在规定的时间内向提案人反馈处理结果，并征求提案人和附议人的意见，做到案案有着落、件件有交代。承办单位（部门）要有书面答复意见，处理提案的答复意见要及时交到提案工作委员会（小组）或工会。

答复提案的相关要求是：

（1）已经落实提案提出的建议，将落实结果回复提案人。

（2）认为提案合理可行或基本可行，但因目前某些条件限制或解决有一定的难度而暂时不能落实的，在答复中说明难点及解决措施。

（3）认为提案合理的，应予以认真研究，但由于解决难度较大、问题比较复杂、涉及的部门较多、不能在短时间内拿出落实方案的，应在答复中给出具体的研究计划和最终答复日期。对涉及两个或两个以上单位或部门协同办理的提案，主办部门与协办部门之间应积极配合，共同协商解决；由两个以上部门共同答复的提案，可采取两种办法：一是各自解答涉及本部门的相关内容；二是部门之间一起协商研究后，由主办部门统一答复。

处理提案反馈工作的要求：

（1）提案工作委员会（小组）或工会在收到承办单位或部

门的处理意见后，及时向提案人进行反馈并附回执，听取提案人对提案办理情况的意见。

（2）提案人将反馈意见直接反映给提案工作委员会（小组）或工会，再由其转告承办单位或部门。

（3）由提案工作委员会（小组）或工会负责向下一次职代会报告提案处理结果。

在实践中，提案的答复工作可以分为职代会召开期间和闭会期间两个阶段，一是召开职代会时，由单位的行政领导向大会汇报上次会议提案的处理情况，以及对本次会议提案的初步打算；提案工作委员会（小组）汇报本次会议提案的征集、审理情况，监督检查和落实上次会议提案的情况，根据提案的处理情况，对受理部门提出表扬或批评。二是闭会期间的答复工作有多种形式：网络平台公布、受理部门直接同提案人见面、书面反馈提案人等。当然，也有单位是由受理部门直接答复提案人并向提案工作委员会（小组）或工会报告。对提案办理结果不满意的，职工代表可以向工会或者有关部门提起申诉。

注意：提案要答复好，关键在于要引起承办单位或部门领导的重视。在具体工作中，需要把握好以下几点：一是重视提案的答复工作，把该项工作列入本部门的议事日程；二是要明确做好提案工作的意义，认真负责处理好每一件提案；三是要理解广大职工对提案的期望，给提案人一个负责任的答复；四是答复提案时，用词要准确，建议采用："已建议""已考虑""已落实""已列入计划""已于 ×× 实施"等用词；五是在答复提案时，做到每案必答，避免"见 ×× 号提案""同意领导意见”“按 × 指示办理”等用词，并在分管领导的批示下，予以进一步说明和具体解答。

53 职代会提案的提出主体都有哪些？

职代会提案的提出主体是职工代表、职代会代表团（组）、职代会各专门委员会（小组），统称为提案人。

在实际工作中，职代会提案是职工代表在广泛征求职工意见的基础上提出的。因此，职代会提案的主体不仅是职工代表个人，还包括参与此项提案酝酿、研究、撰写和提出的全体职工。

提案可以由一名职工代表提出，也可以由多名代表联名提出。提出提案的人员应当是本届职代会的职工代表；提出联名提案时，发起人应当作为第一提案人，签名列于首位，其他联名的代表作为附议人，应当签名同意。

职代会代表团（组）可以代表团（组）的名义提出提案。以职代会代表团（组）名义提出的提案，须由代表团（组）过半数代表通过，并由代表团（组）长或者召集人签名同意。

职代会各专门委员会（小组）可以集体名义提出提案。各专门委员会（小组）提出的提案须由专门委员会（小组）负责人签字。

54 职工代表大会提案工作机构有哪些职责？

职代会提案工作委员会（小组）是职代会下设的专门机构，在职代会的领导下负责提案工作。提案工作委员会（小组）一般由工会、行政办等部门组成。提案工作委员会（小组）成员应为本届职代会代表，提案工作委员会（小组）办公室设在工会。

职代会提案工作机构的职责有：

（1）对职工代表提交的提案进行审查和立案，将立案的提案分类整理、编号、审理。按规定的交接手续转送有关部门受理。

（2）检查、督促提案受理部门的提案处理工作，并在一定时间内向提案人回复提案的处理结果，做到件件有着落、件件有答复。

（3）研究分析提案受理部门的提案处理报告，对各部门处理的提案工作作出客观评价。

（4）根据提案受理部门的工作情况，适时组织职工代表检查提案落实情况，邀请提案受理部门向提案人报告提案的处理结果。

（5）写出提案处理报告，提案工作委员会（小组）负责人在下一次职代会上作专项报告，接受职工代表的审议。

（6）做好提案工作的总结和表彰等工作。

55 工会在职工代表大会提案工作中有哪些职责？

企事业单位工会作为职代会的工作机构，作为本单位民主管理的组织者、推动者以及职工群众利益的代言人和维护者，在职代会提案工作中承担着重要职责。其具体职责主要有以下几个方面：

（1）做好职工代表的选举与业务培训工作。企事业单位工会应做好职工代表的选举工作，把政治觉悟高、工作责任心强、思想作风好、素质能力突出的职工选为代表。此外，还要加强对职工代表的培训，尤其是业务知识的培训，为职工代表撰写高质量的提案奠定坚实的基础。

（2）在职代会召开前做好充分的动员和重大议题的摸底工作。在年度职代会工作启动以后，企事业单位工会要与行政沟通了解年度重点工作，协商确定重大议题，并通过工会组织体系联合职代会提案工作委员会（小组）下发职代会提案征集通知，动员职工代表积极参与撰写提案工作。在职工中开展摸底调查工作时，工会要听取职工群众的意见和建议，一些特别重要的意见可列为重大议题，并组织职工代表撰写提案，甚至可以组成课题研究小组进行深入分析，提出有针对性的解决方案。

（3）汇总整理职工关注度高的议题。企事业单位工会通过收集汇总和整理职工代表的提案，对职工群众呼声强烈、关注度高的事项，可与行政方积极协商，作为职代会正式议题，列入大会议程。

（4）指导、协调提案工作委员会（小组）开展工作。提案工作委员会（小组）主要承担征集提案立案与检查监督的双重职责。由于提案工作委员会（小组）的成员全部是兼职，所以在具体工作中需要工会的指导和协调组织。

（5）组织职工代表参与提案的监督与检查工作。为了督促承办部门切实履行好主体责任，工会通常会联合职代会提案工作委员会（小组）根据提案落实进展的情况需要，组织职工代表开展监督检查活动，以督促有关提案的落实。

（6）做好年度总结工作。每年的提案征集与落实情况都要有专项工作总结，并形成书面报告，在下一次职代会上向全体代表通报。由于工会是职代会的工作机构，这一工作通常由工会来完成，或者由工会协助职代会提案工作委员会（小组）的负责人来完成。总结的内容包括提案征集情况说明、立案情况说明、提案落实情况、相关经验及今后应注意的问题等。此外，工会还要协同提案工作委员会（小组）做好优秀提案及承办单位的评选与表彰工作。

56 职工代表大会提案立案有哪些要求?

通常来说，提案立案的要求主要有以下几方面：一是提案要符合党的政策和国家法律法规；二是提案要符合大多数职工的意见和建议；三是提案要切合实际，是职工群众特别关注、单位有条件办理的事；四是提案要立实案，就是办具体的、看得见的实事，不能立无形案；五是对内容相同或者相近的提案，可以合并办理。

提案予以立案的情形包括：有关本单位贯彻执行党的方针政策和法律法规的建议和方案；围绕本单位发展规划和工作重点的事项；有关本单位生产经营、内部管理、技术进步、基本建设等方面的建议和方案；有关本单位内部管理、生活福利、职工培训和教育等方面的建议和方案；有关本单位改革发展、文化建设以及其他有利于单位总体利益的建议和方案；职工普遍关心的其他重要事项以及与职工切身利益相关的建议和方案。

不予以立案的情形包括：与法律法规政策规定不相符的提案；与本单位情况不相符的提案；不属于职代会职权范围内的事项；超出本单位管理权限和基层单位可以解决的提案以及上级已有明确规定的问题；本单位或职能部门已经明确列入议事日程的事项；没经过充分调查、考证、名不副实的提案；不符合技术规范、缺乏可操作性的提案；属个人问题以及不宜列为提案的问题，等等。

CHANG WU GONG KAI ZHI DU

第三部分

厂务公开制度

57 为什么说职工代表大会是厂务公开的主要载体?

厂务公开的主要载体是职工代表大会，这是由厂务公开的目的、任务以及职工代表大会的宗旨和性质决定的。

（1）厂务公开和职工代表大会的实质都是企业民主管理。厂务公开的目的不仅仅是公开，而是要吸收广大职工参与决策、管理和监督。职工代表大会是企业民主管理的基本形式，有广泛的代表性、政策性和权威性，能更好地体现厂务公开的本质特征。因此，由职工代表大会作为厂务公开的主渠道是符合实际需要的。

（2）职工代表大会依法行使职权、发挥作用是厂务公开的保证。按照有关法律法规和制度规定，企业重大决策问题、企业经营管理方面的重要问题、职工生活福利方面的重要问题，以及评议领导干部等必须在职工代表大会上进行公开，并由职工代表大会依法行使职权。按规定应提交职工代表大会审议且客观原因不能召开职工代表大会的情况下，可通过职工代表团（组）长和专门委员会（小组）负责人联席会议实行公开，如需形成决议，必须经过到会者协商一致，而且事后必须按规定向职工代表大会报告，予以确认。

（3）职工代表大会相关制度规定也是实行厂务公开的有效形式。为切实保证职工代表大会行使职权、发挥作用，各企事业单位职工代表大会条例中就建立职工代表大会专门委员会

（小组）、职工代表团（组）长与专门小组联席会议，以及车间班组民主管理作出规定。这些既是职工代表大会的重要补充形式，也是厂务公开的有效形式。职工代表大会民主评议企业领导人制度，集体合同草案提交职工代表大会讨论通过制度，企业业务招待费使用情况、企业领导人廉洁自律情况、集体合同履行情况等重要事项向职工代表大会报告制度等，既是职工参与管理的重要制度，也是厂务公开的有效形式。企业可以根据厂务公开的内容与要求，适当选择运用这些形式。

58 厂务公开的领导机制是什么?

厂务公开工作已形成在党委领导下，党委、行政、纪检、工会等各有关方面齐抓共管的领导机制。全国厂务公开协调小组和各级厂务公开协调领导机构都是按照这一机制组成的。许多地方都将推进厂务公开工作作为加强党的执政能力、加强基层民主政治建设的重要抓手，列入各级党政班子绩效管理的内容，统一部署、统一检查、统一考核，进一步强化了各级党委政府的责任。

各级各企业推行厂务公开都应按照“党委统一领导，党政共同负责，有关方面齐抓共管，动员职工广泛参与”的原则建立组织领导、运行和监督机制。

59 厂务公开的主要内容包括哪些?

根据《中共中央办公厅、国务院办公厅关于在国有企业、集体企业及其控股企业深入实行厂务公开制度的通知》和《企业民主管理规定》等相关规定，企业实行厂务公开的内容主要涉及企业经营管理的重大事项、劳动关系的具体情况，重点是涉及职工切身利益的规章制度和经营管理人员廉洁从业的相关情况。厂务公开的内容，在不同的法律法规规章中也有直接或者间接的要求，梳理概括为以下三个方面。

（1）企业重大决策和企业生产经营管理的重要问题。主要包括：企业发展规划、年度生产经营管理情况、企业改革和制定重要规章制度情况等企业经营管理的基本情况。

（2）企业涉及职工切身利益方面的问题。主要包括：企业制定、修改或者决定的有关劳动报酬、工作时间、休息休假、劳动安全卫生、保险福利、职工培训、劳动纪律以及劳动定额等直接涉及劳动者切身利益的规章制度或者重大事项方案；招用职工及签订劳动合同的情况；集体合同文本和劳动规章制度的内容；奖励处罚职工、单方解除劳动合同的情况以及裁员的方案和结果，评选劳动模范和优秀职工的条件、名额和结果；劳动安全卫生标准、安全事故发生情况及处理结果；社会保险及企业年金的缴费情况；职工教育经费提取、使用和职工培训计划及执行情况；劳动争议及处理结果情况。

（3）与企业领导班子建设、党风建设和廉洁从业密切相关的问题。主要内容：中层领导人员、重要岗位人员的选聘和任用情况，企业领导人员薪酬、履职待遇和业务支出情况、兼职情况，以及出国出境费用支出等廉洁自律规定执行情况，职工代表大会民主评议企事业单位领导人员的结果；依照国家有关规定应当公开的其他事项。

60 厂务公开的主体及职责是什么？

企业是实行厂务公开的主体。企业应当建立由党组织、行政和工会负责人组成的厂务公开领导机构，负责指导和推行厂务公开工作。企业厂务公开领导机构的职责包括：制定本企业实行厂务公开的实施办法和具体措施，建立相应的工作制度，审定重大公开事项，及时研究、指导、协调和解决公开事项实施中存在的问题，制定厂务公开岗位责任制度、责任追究制度和检查考核办法，工作责任落实到人，并且加强监督检查，抓好厂务公开工作的贯彻落实。企业各方在厂务公开中的职责如下：

（1）企业党组织负责从政治上、政策上加强对厂务公开工作的领导，做好思想政治工作，对本单位开展厂务公开工作进行综合协调；

（2）企业经营管理方是企业开展厂务公开工作的主要责任者，负责企业贯彻执行各项厂务公开制度；

（3）企业工会负责厂务公开领导机构的日常工作，督促、配合行政落实厂务公开制度，同时要动员组织职工广泛参与厂务公开工作，全面了解并及时反映职工对厂务公开工作的意见、建议和要求，组织职工代表对厂务公开情况进行评议和监督，围绕企业改革发展稳定，积极协助企业各方做好厂务公开工作。

（4）广大职工是厂务公开的参与者、监督者和评价者，通过职工的参与活动，可以有效地消除职工对企业经营管理中的误解，更好地改善干群关系，增强经营管理层与职工之间的信任，促进企业劳动关系和谐。

（5）企业内部监督机构负责监督检查厂务公开内容是否真实全面、公开是否及时、程序是否符合规定，并根据厂务公开岗位责任制度、责任追究制度，对违反职工代表大会决议和厂务公开有关规定的相关责任人，提出责任追究的意见和建议，形成规范有效的监督、问责和制约机制。

61 厂务公开的基本程序有哪些？

（1）提出公开事项。即厂务公开领导小组或厂务公开办公室责成有关部门公开有关事项。

（2）实行责任审查。即厂务公开领导小组或办公室对有关部门的具体公开方案进行审查，做到资料齐全、内容正确无误。

（3）及时进行公开。经过审查后，有关承办部门或者厂务公开办公室通过规定的形式及时公开。

（4）广泛听取意见。通过各种途径广泛听取职工群众的意见。

（5）认真进行整改。有关领导和相关部门根据职工群众的意见和建议，提出整改方案，认真进行整改。

（6）及时反馈情况。对职工意见的处理结果以及整改情况，及时向职工群众进行反馈。

（7）适时监督检查。厂务公开监督小组对厂务公开的全过程要适时进行监督检查，发现问题及时进行纠正和处理。

62 厂务公开的基本载体是什么？实现形式有哪些？

厂务公开的基本载体是职工代表大会。厂务公开的形式一般有四种：

（1）基本形式。职工代表大会是企事业单位民主管理制度的基本形式，也是厂务公开的主要载体。实行厂务公开后，企业经营管理的许多重大事项和问题需要通过职工代表大会这一制度平台告知广大职工，职工代表大会审议通过各种决定或者事项，本身就是对职工知情权的制度化、规范化的保障。

（2）专用形式。包括专门用于公开厂务的厂务公开栏、厂情发布会、厂务公开网，以及为公开某些事项而召开的各种会议等。这些形式的特点是直接面向广大职工，及时、直观，方便职工随时了解相关情况。其缺点是单向性，本身不具备反馈机制。因此，厂务公开前期工作应当通过意见箱、监督电话等及时收集和了解职工的意见。

（3）特有形式。职工董事、职工监事参加董事会、监事会制度，工会参加党委和经理办公会制度，以及党政工联席会制度等，这些既是职工参与企业管理的重要制度，也是职工间接了解企业经营管理情况的有效渠道。这类公开形式的特点是公开范围小，参与人数少，对公开事项可以深入研究，对一些还处于酝酿阶段、需要听取各方面意见的事项，特别是在一段时间内需要保密的事项比较合适。这种形式的缺点也在于参与人数少，因此职工董事、职工监事和工会主席在代表职工参加相关会议前，应注意广泛听取职工意见，会后要在遵守有关规定的前提下，采取适当形式向职工传达。

（4）媒体形式。包括企业的广播、电视、厂报、墙报等。经职工代表大会审议通过的，或经过其他形式公开以后需要在更大范围宣传的厂务公开事项，都可以通过媒体形式进一步公开。但这种公开也具有单向性的缺点。

63 厂务公开协调领导小组的职能是什么？

各级厂务公开协调领导小组的职能是学习宣传、贯彻落实党中央关于厂务公开工作的精神，指导厂务公开工作，主要包括：一是研究部署本地区厂务公开的方针政策、目标任务和工作规划；二是推动本地区立法机关出台与厂务公开相关的法律法规，联合制定下发推进工作的指导意见等文件，不断推进厂务公开工作开展和制度化、规范化、法治化、程序化建设；三是定期对本地区厂务公开工作进行调研检查，适时召开地区性或成员单位的系统性会议，进行工作交流、经验总结、理论研讨、先进表彰；四是广泛利用媒体渠道，深入宣传厂务公开的法律政策和实践经验；五是定期听取协调领导机构办公室的情况汇报，领导办公室工作；六是定期向党政领导汇报工作进展情况。

64 厂务公开与职工代表大会的关系是怎样的?

厂务公开不是在职工代表大会制度之外另搞一套，而是职工代表大会的基本前提。职工代表大会是厂务公开的主要载体，这是由厂务公开的目的、任务以及职工代表大会的宗旨和性质决定的。

（1）厂务公开和职工代表大会的实质都是促进企业实行民主管理，厂务公开的目的不仅仅是公开，而是要吸收广大职工参与决策、管理和监督，其实质同职工代表大会一样，属于企业民主管理的范畴。职工代表大会是企业民主管理的基本形式，制度比较科学，有广泛的代表性和较高的权威性，能更好地体现厂务公开的本质特征。因此，职工代表大会是厂务公开的主要载体。

（2）职工代表大会依法行使职权、发挥作用是厂务公开的可靠保证，按照有关法律法规和制度规定，企业重大决策问题、企业经营管理方面的重要问题、涉及职工切身利益方面的重要问题以及民主评议企业领导人员等相关情况必须在职工代表大会上进行公开，并由职工代表大会依法行使职权。职工代表大会闭会期间由职工代表团（组）长和专门委员会（小组）负责人联席会议形成的决议，事后必须按规定向职工代表大会报告，请予确认，从而通过职工代表大会制度的落实，保障广大职工及其代表对企业重要事项和重大决策的知情权、监督权。

（3）职工代表大会相关制度规定也是实行厂务公开的有效形式。为切实保证职工代表大会行使职权、发挥作用，《全民所有制工业企业职工代表大会条例》对建立职工代表大会专门小组（专门委员会）、职工代表团（组）长与专门小组联席会议以车间班组民主管理作出规定。这些既是职工代表大会的重要补充形式和辅助形式，也是厂务公开的有效形式。相关配套制度还有职工代表大会民主评议企业领导人员制度，集体合同草案提交职工代表大会讨论通过制度，企业业务招待费使用情况，企业领导人员廉洁自律情况，集体合同履行情况等企业重要事项向职工代表大会报告制度，等等。这些配套制度既是职工参与管理的重要制度，也是厂务公开的有效形式，应当根据需要充分选择运用这些形式实行厂务公开。

（4）正确处理厂务公开的内容与职工代表大会职权的关系。厂务公开的内容与职工代表大会的各项职权不是一一对应的关系。厂务公开有关企业重大决策问题，生产经管管理方面的重要问题，其中较多属于职工代表大会审议建议的范围，但也有些内容，如企业改制、重组、兼并、破产方案中有关职工裁员分流、安置方案等重大事项，必须经过职工代表大会通过，而不只是经职工代表大会审议。对于企业改革、改制方案，兼并、破产方案等企业重大决策公开的要求，也与职工代表大会关于审议建议权的规定有所不同，职工代表大会不是仅仅提出意见和建议，而是必须通过厂务公开听取职工意见，并提交职工代表大会审议，未经职工代表大会审议的重大事项不应实施。因此，在执行过程中，不应简单化地把企业重大决策和生产经营管理方面的厂务公开内容，笼统地作为职工代表大会审议建议权的内容来处理。

65 厂务公开与基层民主政治建设的关系是怎样的?

厂务公开是加强基层民主政治建设的重要基础。发展社会主义民主政治就是要体现人民意志、保障人民权益、激发人民创造活力，用制度体系保证人民当家作主。基层民主政治建设，是国家民主政治建设的根基。企事业单位实行厂务公开，是我国基层民主政治建设的重要组成部分。

厂务公开是加强基层民主政治建设的具体实践。党的十六大、十七大、十八大、十九大报告在阐述发展基层民主、完善基层民主制度时都强调要坚持、完善、健全以职工代表大会为基本形式的企事业单位民主管理制度。党的十六大强调："坚持和完善职工代表大会和其他形式的企事业单位民主管理制度，保障职工的合法权益。"党的十七大强调："全心全意依靠工人阶级，完善以职工代表大会为基本形式的企事业单位民主管理制度，推进厂务公开，支持职工参与管理，维护职工合法权益。”党的十八大强调：“全心全意依靠工人阶级，健全以职工代表大会为基本形式的企事业单位民主管理制度，保障职工参与管理和监督的民主权利。”党的十九大强调：“完善基层民主制度，保障人民知情权、参与权、表达权、监督权。”推进企事业单位健全职工代表大会制度，是完善基层民主制度、加强基层民主政治建设的一项重要任务。职工代表大会是企事业单位实行民主管理的基本形式，也是厂务公开的主要载体。因此，厂务公开是基层民主政治建设的重要内容和具体实践。

厂务公开与基层民主政治建设是相辅相成、互为表里的关系。我们应当通过大力推进厂务公开制度建设，保障职工的知情权，为职工依法实行民主选举、民主决策、民主管理、民主监督创造良好的条件，服务和促进基层民主政治建设，夯实我国社会主义民主政治的制度基础。

66 厂务公开与企业民主管理的关系是怎样的?

厂务公开是企业民主管理的重要组成部分。企事业单位实行民主管理，就是要落实职工的民主权利。厂务公开主要的功能是让广大职工知情，进而为实现职工参与权、表达权、监督权以及职工依法实行民主选举、民主决策、民主管理、民主监督创造条件。通过“公开”，让广大职工知情，不是民主管理的全部，“公开”后还应采取适当的形式，认真听取职工的意见和建议，接受他们的监督，并依照有关规定提交职工代表大会审议通过或决定。因此，厂务公开只是企业民主管理中的一项重要制度。

厂务公开是企业其他民主管理形式的前提。厂务公开首先强调的是让广大职工知情，这是职工通过职工代表大会、职工董事、职工监事等民主管理制度，实现职工民主监督和民主管理的必备前提和重要环节。实行厂务公开，让职工及时了解真实情况、有效地参与企业的管理，才能切实从政治上保证职工的主人翁地位，从制度上落实职工当家作主的权利，切实维护好职工的合法权益，并使职工在参与企业改革和管理的实践中不断地提高自己的政治、文化、业务等方面的素质。

67 工会在厂务公开工作中应着重做好哪些工作？

（1）提高认识，增强工会干部搞好厂务公开的责任意识。各级工会组织和广大工会干部，要站在发展和推进社会主义民主政治建设的高度上，认识到厂务公开工作是新形势下党的群众路线在企业的具体体现，是企业改革发展稳定的重要保证。搞好厂务公开，对于搞好企业党风廉政建设，密切党群、干群关系起着重要的作用。早在 1984 年，中共中央关于经济体制改革的决定就指出，企业活力的源泉在于广大经营者、劳动者的积极性、创造性和聪明才智的发挥。也就是说，搞好搞活企业需要发挥经营者和劳动者两方面的积极性，二者缺一不可。实行厂务公开制度，不仅可以极大地调动广大劳动者关心企业、热爱企业，为企业振兴和发展献计献策，发挥聪明才智的积极性和创造性，而且使经营者决策建立在广泛的民主基础之上，既减少了企业的重大决策失误，又使决策建立在群众意愿基础之上，确保决策的顺利实施。

（2）抓好相关制度建设，确保厂务公开工作的有效运行。为逐步使厂务公开实现制度化、规范化和科学化，工会组织要选派高素质的干部进入领导机构，重视和做到源头参与，积极协同有关部门，在学习借鉴其他先进单位经验的基础上，查找自身不足，依据党的有关方针和政策，结合本企业实际，积极提出自己的主张和意见，切实反映职工的意愿和要求，提出加强厂务公开的指导意见，制定规范的相关制度。有了规范健全规章制度，工会组织在具体实施操作工作中要把握遵循三条原则：一是实事求是的原则。工会组织一方面要严格监督企业和企业干部公开的具体内容，真正反映出实际效果；另一方面要如实、及时地反映出职工的意愿和要求，力戒形式主义。二是依法办事的原则。实行厂务公开不能干预管理者行使正当的管理职权，对企业内部的技术秘密、商业秘密等不能无原则地公开。三是推进企业改革和发展的原则。推行厂务公开，加强民主管理，实质上是一种手段，目的是推动企业的发展。因此，要把着眼点放在加强企业领导班子建设，堵塞企业漏洞、维护职工合法权益上来，以促进企业发展。

68 车间班组事务公开的内容和形式有哪些?

不同性质、不同规模的企业，车间班组事务公开的内容和形式不同，一般包括：

（1）认真借鉴总结厂务公开的制度和经验，结合各车间班组的实际，在认真征求班组职工意见的基础上，制定出一套切实可行的班务公开制度，使班组在实行班务公开上做到“有法可依”。

（2）健全班组月度班务会议制度。各班组要定期召开班组月度班务会，班组长必须向职工公布工班当月奖金分配、考勤考核、材料消耗盈亏、月生产任务完成情况、下月生产计划等方面的内容，提交职工进行讨论，让每个职工都有充分发表意见的机会。对好的建议，班组长要积极采纳；对提出的意见，班组长必须在会上作出答复，或提交下一次班务会上讨论决定，不能搞一言堂。

（3）要建立包保干部参加班务会议制度。一方面要对包保干部在班务公开工作中的作用进行明确，要让包保干部有权也有责任督促包保班组实行班务公开；另一方面各班组每月必须定期通知车间干部及包保干部参加班务公开会议，帮助指导、规范会议的内容和程序，防止班务公开会议走过场。

（4）要建立班组长直选和民主测评制度。一方面要在班组中实行班组长直选竞争上岗制度，直选过程中，要把能否实施好班务公开作为直选的一个重要指标；另一方面半年或一年，由车间干部对班组长进行民主测评。在测评中，必须把班务公开执行情况作为班组长是否称职的重要考评内容，通过召开职工座谈会、征求本人意见等形式，对测评不合格或不称职的班组长、工会小组长进行撤换。

ZHI GONG DONG SHI
ZHI GONG JIAN SHI ZHI DU

第四部分

职工董事、职工监事制度

69 职工董事、职工监事的任职条件有哪些?

《企业民主管理规定》第三十八条规定："职工董事、职工监事候选人由公司工会根据自荐、推荐情况，在充分听取职工意见的基础上提名，经职工代表大会全体代表的过半数通过方可当选，并报上一级工会组织备案。工会主席、副主席应当作为职工董事、职工监事候选人人选。"这表明，职工董事、职工监事应当来自本公司，应当与公司存在劳动关系。

根据《中华全国总工会关于进一步推行职工董事、职工监事制度的意见》，职工董事、职工监事的人选的基本条件是：本公司职工；遵纪守法，办事公道，能够代表和反映职工的意见和要求，为职工群众信赖和拥护；熟悉企业经营管理或具有相关的工作经验，有一定的参与经营决策和协调沟通的能力。同时明确规定，未担任工会主席的公司高级管理人员，《公司法》中规定的不能担任或兼任董事、监事的人员，不得担任职工董事、职工监事。

根据《国有独资公司董事会试点企业职工董事管理办法（试行）》规定，担任职工董事应当具备下列条件：经公司职工民主选举产生；具有良好的品行和较好的群众基础；具备相关的法律知识，遵守法律、行政法规和公司章程，保守公司秘密；熟悉本公司经营管理情况，具有相关知识和工作经验，有较强的参与经营决策和协调沟通能力；《公司法》等法律法规规定的其他条件。公司党委（党组）书记和未兼任工会主席的党委副书记、纪委书记（纪检组组长），公司总经理、副总经理、总会计师不得担任公司职工董事。

总之，职工董事、职工监事人选应具备三方面的条件：一是具有较高的政治素质和较好的群众基础，有一定的权威和影响力，能够代表和反映职工群众的意见和要求；二是具有一定的经营管理知识，掌握相关的法律政策、专业知识和工作经验，对本公司的生产经营管理比较熟悉，有较强的参与决策和实施监督能力，有一定的协调沟通能力；三是公道正派，坚持原则，敢于为职工群众说话办事，能够抵制违法乱纪行为和不正之风，在职工意见与企业管理层意见不一致时，能够从企业发展和职工利益双赢的角度出发，坚持正确的意见和主张。

70 如何选举和罢免职工董事、职工监事？

职工董事、职工监事应当依照相关法律法规和工作程序，由公司职工代表大会民主选举产生。公司应建立健全职工代表大会制度，尚未建立的，应组织职工或职工代表选举产生职工董事、职工监事，并积极筹建职工代表大会制度。职工董事、职工监事选举产生后，应报上级工会、有关部门和机构备案，并与其他内部董事、监事一同履行有关手续。《国有独资公司董事会试点企业职工董事管理办法（试行）》规定：“职工董事选举前，公司党委（党组）应征得国资委同意；选举后，选举结果由公司党委（党组）报国资委备案后，由公司聘任。”

职工董事、职工监事的选举一般可参照下列程序进行：

（1）由公司工会根据公司章程中关于职工董事、职工监事的规定比例和任职条件制定出选举方案。

（2）由本公司的职工自荐或者推荐参选职工董事、职工监事人选。公司工会根据自荐、推荐的情况组织职工进行讨论，可采用投票测评的方式，在广泛征求职工意见的基础上，由公司工会委员会提出候选人名单，并经公司党委（党组）审核，报有关部门。

（3）召开职工代表大会，介绍候选人简介，采取无记名投票的方式进行选举。

（4）候选人必须获得全体职工或职工代表大会全体代表过半数通过方可当选。

（5）职工董事、职工监事选举产生后，应报上级工会、有关部门备案，并与其他内部董事、监事一同履行有关手续。

《企业民主管理规定》第四十一条规定，“职工董事、职工监事不履行职责或者有严重过错的，经三分之一以上的职工代表联名提议，职工代表大会全体代表的过半数通过可以罢免”。

罢免职工董事、职工监事是严肃的事情，对于职工董事、职工监事不履行职责或者有严重过错的，职工代表大会有权罢免职工董事、职工监事，但是罢免职工董事、职工监事的议案，必须由 1/3 以上的职工代表联名提出。罢免职工董事、职工监事必须有充分的罢免理由。职工董事、职工监事有权在会前或会上提出申辩理由或者书面提出申辩意见。职工代表大会全体代表过半数通过才可以罢免。表决结果应当及时向与会的职工代表进行通报，并报有关部门备案。

罢免职工董事、职工监事应当参考下列因素，根据情节轻重慎重作出决定：①职工代表大会或者职工大会对其年度考评结果较差的；②不按公司职工代表大会或者职工大会的决议、决定，在董事会、监事会会议上行使表决权或者监督权，损害职工合法权益的；③对公司的重大违法违纪问题隐匿不报或者参与公司编造虚假报告的；④泄露公司商业秘密或董事会、监事会工作秘密，给公司造成重大损失或严重影响董事会、监事会工作的；⑤以权谋私，收受贿赂，或者为自己及他人从事与本公司利益有冲突的商业行为损害公司利益的；⑥未定期向公司职工代表大会或职工大会报告工作，或者无正当理由连续两次未能出席董事会、监事会会议的，也不委托其他董事、监事代为反映意见的；⑦因犯罪被判处刑罚，或出现其他违反法律、行政法规应予罢免的行为。

注意：职工董事、职工监事被罢免后，公司工会应当向上一级工会组织备案。国有独资公司的职工董事、职工监事的罢免程序，应当依照国家和地方的有关规定执行。职工董事、职工监事出现空缺时，及时进行补选，应当由公司工会依照选举职工董事、职工监事的规定条件和程序提出替补人选，提请职工代表大会民主选举产生。职工董事、职工监事空缺时间一般不得超过3个月。

71 建立职工董事、职工监事制度的法律政策依据有哪些?

《公司法》《企业民主管理规定》《中华全国总工会关于进一步推进职工董事、职工监事制度的意见》《中华全国总工会关于加强公司制企业民主管理工作的意见》《国务院办公厅关于进一步完善国有企业法人治理结构的指导意见》《国有独资公司董事会试点企业职工董事管理办法(试行)》等法律政策,为公司制企业建立职工董事、职工监事制度提供了明确的法律政策依据。这些法律法规和政策性文件,对于在我国公司制企业推动职工董事、职工监事制度,完善企业法人治理结构具有重要的意义。

伴随着国家法律法规和中央有关精神的深入贯彻落实,一些地方性法规和规章也不断健全,通过地方性法规对公司制企业建立职工董事、职工监事制度的专门规定,进一步丰富了公司制企业建立职工董事、职工监事制度的法律和政策依据。其中主要规定有:

《公司法》第十八条规定:公司依照宪法和有关法律的规定,通过职工代表大会或者其他形式,实行民主管理。公司研究决定改制以及经营方面的重大问题、制定重要的规章制度时,应当听取公司工会的意见,并通过职工代表大会或者其他形式听取职工的意见和建议,明确公司制企业必须实行民主管理。《公司法》第四十四条规定:两个以上的国有企业或者两个以上的其他国有投资主体投资设立的有限责任公司,其董事会成员中应当有公司职工代表；其他有限责任公司董事会成员中可以有公司职工代表。《公司法》第五十一条、第七十条和第一百一十七条规定：有限责任公司、国有独资公司设立监事会的，必须设立职工监事，其中职工监事的比例不得低于监事会成员的1/3，具体比例由公司章程规定。

《企业民主管理规定》明确要求，公司制企业应当依法建立职工董事、职工监事制度，支持职工代表大会选举产生的职工代表作为董事会、监事会成员参与公司决策、管理和监督，代表和维护职工合法权益，促进企业健康发展。

72 职工董事、职工监事工作制度有哪些？

按照《公司法》等法律法规和相关政策规定，公司制企业应当建立健全职工董事、职工监事工作制度，一般包括意见征集制度、信息沟通制度、咨询服务制度、工作报告制度、评议监督制度、学习培训制度等，并通过这些工作制度保障和激励职工董事、职工监事依法履行职责，规范有序、务实高效地开展工作。

（1）意见征集制度：职工董事、职工监事在参与董事会、监事会决策前，应围绕会议议题内容，深入职工群众之中，充分听取广大职工和工会的意见，广泛收集职工代表反映的情况，保证如实反映工会、职工代表大会或职工代表团（组）长与专门委员会（小组）联系会等方面形成的意见。企业工会组织应当建立健全职工董事、职工监事意见征集制度，通过调整巡视等途径，及时向职工董事、职工监事提供职工代表大会的议题、议案、建议和决议的有关资料，协助职工董事、职工监事广泛听取和收集职工建议，畅通职工董事、职工监事了解职工意愿诉求的渠道。

（2）信息沟通制度：职工董事、职工监事如果缺少了必要的信息渠道，对企业生产经营发展的重大问题和事项不了解，不能全面掌握有关情况，将很难真正有效地参与董事会、监事会的决策。因此，必须建立相关的信息获取和沟通制度，切实保障职工董事、职工监事的知情权。企业应帮助职工董事、职工监事全面了解公司情况，及时向职工董事、职工监事提供公司生产经营管理等方面的信息资料。职工代表大会下设工作机构要及时向职工董事、职工监事提供职工代表大会议题、议案和决议等资料。协助其开展专题调研和巡视检查，及时反映职工提出的问题。

（3）咨询服务制度：企业管理涉及多方面内容，有些专业性很强，需要为职工董事、职工监事更好地履职提供相应的支持。企业可以通过职工代表大会及其专门委员会为职工董事、职工监事提供专业意见和相关咨询，也可请专业的咨询服务机构或专家、学者为职工董事、职工监事提供专业上的帮助，要通过各种有效途径、集中各方面智慧弥补职工董事、职工监事个人在专业上的不足，提高职工董事、职工监事对职工代表大会负责的履职水平。

（4）工作报告制度：职工董事、职工监事每年至少应当向职工代表大会进行一次述职报告，就参与董事会、监事会决策过程中的观点和主张等情况，接受职工代表的质询、评议和监督，以此强化职工董事、职工监事对职工代表大会负责的责任意识。

（5）评议监督制度：职工代表大会每年应当在职工董事、职工监事向职工代表大会述职的基础上，对职工董事、职工监事履行工作职责情况组织职工代表进行评议，根据评议结果对履职情况好的职工董事、职工监事提出奖励建议或直接予以褒奖，对没有尽到职责的职工董事、职工监事，职工代表大会也有权按照相关程序进行罢免和更换。职工代表大会和职工董事、职工监事履职情况的评议监督工作，有助于加强对职工董事、职工监事的激励监督，鞭策职工董事、职工监事增强责任意识，促进职工董事、职工监事履职尽责。

73 职工董事、职工监事的工作程序是怎样的？

（1）重要信息向职工董事、职工监事通报：公司董事会在研究决定涉及职工切身利益的重大事项之前，如制定公司规章制度，讨论有关职工工资、福利、安全卫生及生产保护、劳动保险等涉及职工切身利益的问题，决定聘任公司高级行政管理人员等，应事先向职工董事、职工监事通报有关情况。公司董事会、监事会会议议题，应事先告知职工董事、职工监事，使其有充分时间做好准备。

（2）征集职工意见和建议：职工董事、职工监事根据董事会、监事会所讨论决定的问题，通过职工代表大会或职工代表团（组）长与专门委员会（小组）负责人联席会议、工会委员会以及其他形式，广泛调查收集职工意见和建议。

（3）研究分析并向董事会、监事会反映：职工董事、职工监事对调查收集的职工意见和建议，进行认真研究分析，归纳整理，在董事会、监事会上充分表达和反映。

74 职工董事、职工监事在履职过程中应得到哪些保障?

（1）职工董事、职工监事履行职责所发生的费用，应由公司承担。

（2）公司应当为职工董事、职工监事履行职责提供必要的工作条件，主要包括：必要的工作场所、公司经营管理方面的信息资料、提供相应的经济待遇等。

（3）职工董事、职工监事在任期内劳动合同期满，其劳动合同自动延长至职工董事、职工监事任期结束。

（4）职工董事、职工监事在任职期间除个人严重过失或者丧失劳动能力外，公司不得以其履行职务的原因与其解除劳动合同或做出对其从业条件不利的岗位变动。公司依法单方面解除职工董事、职工监事的劳动合同时，应当事先告知工会。工会认为公司存在违反法律法规和劳动合同规定的情形，有权要求公司重新处理，公司应当研究工会提出的意见，并将处理结果书面通知工会。

（5）职工董事、职工监事履行职责占用工作时间的，应按照正常出勤，享受相应待遇。

75 职工董事、职工监事巡视检查工作怎样开展？

（1）编制巡视检查工作方案：依据公司《巡视检查工作制度》的要求，编制巡视检查工作方案。工作方案应包含巡视检查的组织形式、巡视检查的内容对象、巡视检查工作报告的撰写要求等内容。

（2）进行巡视检查：按照工作方案的要求，公司工会组织职工董事、职工监事进行巡视检查。巡视检查工作应在公司工会指导下，由职工董事、职工监事单独进行或者会同职工代表大会专门委员会等部门联合进行。巡视检查的主要内容有：职工代表大会职权落实情况，厂务公开和集体合同履行情况，企业重大决策、重大改革方案的执行与落实情况，职工群众关心的热点问题等。巡视检查工作可以采取综合形式检查或专题形式检查等，巡视检查的方法可采取向有关职能部门询问、查阅报表资料、个别访谈等方法。

（3）撰写巡视检查工作报告：职工董事、职工监事根据巡视检查情况，撰写巡视检查工作报告，对巡视检查结果作出合理的评价。

76 职工董事、职工监事调查研究工作是怎样开展的?

（1）制定调研方案：职工董事、职工监事在开展调查研究前，应当在公司工会的帮助和指导下，拟定调研提纲，制定调研方案，对调查研究的对象、调查研究的内容、调查研究需要收集和了解的信息、调查研究的方式方法做详细的阐述和设计。

（2）企业内部调研：到公司有关部门调查情况，征求和听取职工群众的意见和要求。职工董事、职工监事要通过多种渠道听取职工的意见。尤其在参与公司重大决策前，必须广泛征求职工的意见和要求，代表并维护职工的合法权益。调查研究过程中要坚持问题导向，围绕公司的大事要事，群众关注的热点、难点和苗头性、倾向性问题，公司对部署落实过程中遇到的新情况、新问题开展调查研究。

（3）企业外部调研：收集了解公司外部经济、行业政策等与公司经营管理有关的信息资料。

（4）提出意见和建议：运用现代统计分析方法，比如大数据分析等，对所调查收集到的资料进行归纳整理、分析评估，真实、全面、系统地反映客观实际，并在公司董事会、监事会上准确地表达调查研究形成的意见和建议，为公司制定科学合理的决策提供信息服务。

77 怎样开展职工董事、职工监事的述职、评议、考核工作?

（1）制定述职、评议考核办法：结合相关法律法规及本公司实际，制定《职工董事职工监事述职、评价、考核办法》，提出明确的述职、评价、考核方案，明确述职的形式、内容、时间、地点，评价考核的标准及奖惩措施。

（2）进行工作报告：职工董事、职工监事向职工代表大会报告工作，述职一般由公司工会组织，述职的形式以书面述职为主，接受公司职工群众或职工代表的监督。述职的主要内容包括：参加董事会、监事会，参与公司重大决策等方面所做的工作及作用发挥；联系群众，积极开展调查研究，征求和反映职工代表大会及职工群众的要求等方面所做的工作及成效；参与巡视检查、专门委员会及其他组织的活动中所做的工作；宣传贯彻职工代表大会、董事会、监事会会议精神、厂务公开和集体合同等方面所做的工作；参与民主管理和民主监督的经验。

（3）评议和测评：公司职工代表或职工群众对职工董事、职工监事履职情况进行评议，对考核不称职的职工董事、职工监事，要按照相关的规定和程序进行罢免，并及时补选新的职工董事、职工监事。

（4）公开测评结果：向职工代表大会和职工群众公布评议和测评结果，对职工董事、职工监事履职期间的工作进行总结，对履职尽责的职工董事、职工监事进行表彰，对工作情况不理想的职工董事、职工监事提出批评和处罚。

78 如何充分发挥职工董事、职工监事的作用?

职工董事、职工监事是企业管理、监督和决策的重要参与者，职工群众利益诉求的表达者，广大职工积极性、主动性、创造性的调动者，只有充分发挥职工董事、职工监事的作用，才能切实维护职工群众的合法权益，同时推动企业在良性的轨道上发展。要充分发挥职工董事、职工监事的作用，应做到以下几点：

（1）严格规范职工董事、职工监事选举制度。建立董事会的公司制企业，都应依法依规建立职工董事、职工监事制度，职工董事、职工监事都应当由职工代表大会民主选举产生，进入公司的董事会、监事会参与企业的决策和监督。要规范职工董事、职工监事选举、任免、补选制度，各级工会应当积极争取人大、政协的支持，加强与政府有关执法部门的联系，定期对企业民主管理工作情况进行监督和检查。各类公司制企业应当依法依规在董事会、监事会中预留职工董事、职工监事的席位，并在公司章程中予以明确规定，以法治思维推动职工董事、职工监事制度在公司制企业中的落实。

（2）明确职工董事、职工监事的职责范围。职工董事、职工监事与公司其他董事、监事拥有同等的权利，在公司董事会、监事会研究决定公司重大问题时，职工董事、职工监事应当充分发表意见。同时职工董事、职工监事应当代表职工的利益，反映职工的合理诉求，尽到维护职工和公司合法权益的义务。明确职工董事、职工监事职责范围，可以让企业的领导知晓职工董事、职工监事是各有权限、不可替代的，督促其完善职工董事、职工监事的相关制度。同时，明确职工董事、职工监事的职责范围，可以让公司领导和公司职工随时监督检查其是否履职尽责。

（3）完善职工董事、职工监事工作制度。企业应结合自身实际建立并完善职工董事、职工监事工作制度。例如建立职工董事、职工监事巡视检查和调查研究工作制度，直接征求和听取职工的意见，提高参与决策和监督的质量水平。建立考核和激励制度，对于考核不合格的职工董事、职工监事建议将其撤换或补选，对于考核结果优异的应给予奖励。

（4）注重培养提升职工董事、职工监事的履职能力。职工董事、职工监事应当通过自学和组织的培训，掌握跟工作相关的法律法规、工作要求和工作方法，明确自身的权利义务，不断提升自身的业务素质和工作能力。企业和各级工会也应当建立职工董事、职工监事培训制度，不断提升其履职能力。

（5）切实为职工董事、职工监事履职提供保障。企业应当将国家法律法规和政策性文件作为建章立制的依据，企业应当将建立职工董事、职工监事制度写入公司章程，在源头上保障职工董事、职工监督制度的落实。同时，要建立权益保障制度，保障职工董事、职工监事在任职期间，除法定情况外，公司不得与其解除劳动合同，不得出于职工董事、职工监事履职的原因，对其采取降职、减薪等打击报复手段。还要保障职工董事、职工监事的工作条件，为其提供公司生产经营管理方面的资料信息，确保职工董事、职工监事能够全面、及时地了解公司的经营状况。

CHANG JIAN YI NAN
KUN HUO WEN TI

第五部分

常见疑难困惑问题

79 企业如何提升职工代表的参政议事能力?

职工代表的参政议事能力是决定职代会质量的关键。职工代表既要掌握现代企业制度的管理知识和政策法规，又要掌握调查研究的基本技能和参政议事的基本规则。因此，企业必须重视对职工代表的培训和管理，让职工代表的作用切实得以发挥。

（1）明确作为职工代表的责任感与重要性。职工代表的身份决定了职工代表是基层民主的实践者。一个合格的职工代表应当努力具备代表意识、大局意识、管理意识和学习意识。职工代表是荣誉更是责任，要以各种方式强化职工代表角色认知，持续提高参政议事水平。

（2）要建立职工代表的激励机制。精神上要激发职工代表比作风、比策略、比业绩的干事热情，行动上要激励职工代表更好地维护职工政治、经济、文化等合法权益，经济上要给予职工代表相应的工作补贴，综合运用多种手段，增强职工代表参政议事的积极性。

（3）要推行职工代表述职测评制度。推行职工代表向所在选区职工述职和测评制度，加强对职工代表的有效监督，引导和帮助职工代表树立“在其位谋其政”的岗位意识和“有为才有位”的危机意识，鞭策其履行好职工代表的权利和义务。

80 工会如何调动职工参与民主管理的积极性？

工会是党领导的群众组织，它不仅代表和维护职工群众的合法权益，还要动员和组织职工积极参加政治管理、经济管理及社会管理。同时还要监督企业行政方听取和采纳职工的建议，尊重职工的民主管理权利，其性质、地位确定了工会的权利和义务。因此，工会应该在组织动员企业职工积极参与民主管理和参政议事上发挥更大作用。

（1）工会应做好民主管理的宣传教育工作。要让企业行政领导知晓，让职工了解参政议事是党的一项重要决策，工会组织职工参加政治管理、经济管理和社会管理是工会的权利和义务，工会参加企业民主管理是企业发展和繁荣的要求，是现代企业制度的重要内容。企业党政只有重视企业民主管理的工作，才能更有效地开展民主管理，如此一来职工才能更加相信民主管理工作所带来的好处，更愿意积极主动地参与到民主管理的各项事务当中。

（2）工会要认真做好行政领导对职代会提案和职工合理化建议的采纳和实施的监督工作。职工民主管理积极性高不高，取决于行政领导对职代会提案和职工合理化建议的重视程度，对职工民主管理工作的态度。各级领导必须树立全心全意依靠工人阶级的思想，要有积极态度支持职工参政议事，鼓励职工为企业的生存和发展献计献策，尊重职工的主人翁地位和民主管理的权利，只有各级领导都来关注民主管理工作，职工的积极性就高。

（3）各级工会组织要认真抓好职工代表培训工作。不断增强职工代表的管理知识，增加对企业的发展形势、生产经营形式的了解，加强民主管理知识的学习，增强民主管理意识，使职工有当家作主的使命感、对发展的责任感，民主管理工作就会出现一个新局面。

81 如何通过民主管理委员会的设立推进民主管理机制建设？

职工代表大会民主管理工作委员会是指职工代表大会根据实际需要设立的专门工作机构。主要职责是：审议提交职工代表大会的有关议案；在职工代表大会闭会期间，根据职工代表大会的授权，在工会组织和领导下，审定属于本委员会分工范围内需要临时决定的问题，并向职工代表大会报告予以确认；检查、督促有关部门贯彻执行职工代表大会决议和职工提案的处理；开展和推进企业民主管理工作；办理职工代表大会交办的其他事项，等等。

民主管理工作委员会的设立，解决了职工代表大会闭会期间企业日常民主管理工作实施和推进不足的问题，是职工代表大会制度的重要补充形式之一。

82 如何借助大数据、信息化手段开展企事业民主管理工作?

当前企业实现民主管理的形式较为单一，且效果较差，因此企业必须不断创新民主管理形式。企业可以借助现代互联网技术创新民主管理形式，在企业内部开通网络信息平台，职工通过网络提出企业发展建议，提高民主管理效率，确保民主管理的效果。

（1）知厂情：利用微信平台，将每天的早会纪要、交办事项、督查情况、各类会议和文件精神，以及公司内部与职工有关的重要信息、重大决策事项等，在微信公众平台进行发布，职工只要关注这个微信公众平台就能直接查阅详细信息，了解公司最新动态。另外，各车间、各班组也可以通过查阅平台上的信息进行传达学习，使班组职工能够更全面、系统地了解公司的发展形势、重要事项和重大决策。

（2）监厂况：利用微信公众平台开展“监督身边的隐患违章”等活动，职工只要发现工作场所存在隐患、不安全行为或与《现场管理检查标准》不符的现象，都可以用手机记录下来并发布到平台上，平台管理人员核实后在平台上予以曝光，并要求责任部门在规定时间内进行整改。

（3）议厂策：针对一些涉及职工切身利益的问题，将权利交给每一名职工。将企业涉及职工利益的重大决策问题在微信公众平台发起投票，让职工通过微信公众平台进行线上投票，共同参与决策。

83 如何推进区域（行业）职工代表大会制度建设？

推进区域（行业）职工代表大会制度建设的总体思路要以服务企业、职工和社区为目标，以协调劳动关系为工作主线，将职工代表大会制度建设与加强基层民主法治建设、促进社区和谐发展相结合，发挥劳动关系协调机制的整体合力，实现基层社会治理的创新发展。

（1）将区域（行业）职工代表大会制度建设纳入社会治理创新的重要内容，推动基层党政组织和相关部门落实责任主体。目前区域（行业）职工代表大会主要是在区县以下的街镇和工业（经济）园区范围内探索。如上所述，这一制度属于基层社会治理的重要内容，因而要将区域（行业）职工代表大会制度建设纳入基层党政部门的工作内容，并与区域性党建和社会治理有机结合，促进劳动关系和谐与整个区域的稳定发展。

（2）结合区域实际，探索形式多样的区域性、行业性职工代表大会，并与企业内部民主管理机制有机衔接。在推进建制时，要针对不同区域、行业特点和企业实际情况，不搞“一刀切”。一方面，优先选择企业性质相近、行业特征明显的领域大力推进行业性职工代表大会建制，以使民主管理的内容和标准更具有针对性；另一方面，对于各类工业（经济）园区、商务楼宇和专业市场，要积极探索区域性职工代表大会建制，以便于依托相应的管理部门，通过互动交流，推动解决劳动关系和公共管理服务的共性问题。

（3）协同推进劳动关系协调机制建设，构建“大维护”工作格局。区域性、行业性民主管理制度，由于集合了企业、职工、社区、行业等方面的多元互动，因而体现了“大维护”的工作格局，这表现在既要维护广大职工的合法权益，也要维护企业正常的生产经营秩序，推动企业发展，同时还要维护社区和谐稳定，推进区域整体发展。为此，在推进区域（行业）职工代表大会工作过程中，需要将其与集体协商、劳动争议调解和劳动法律监督检查等其他劳动关系协调机制协同推进，发挥制度机制的整体效力。

84 区域（行业）职工代表大会制度的建立原则是什么？

由于区域（行业）职工代表大会制度还处于不断发展和完善阶段，《企业民主管理规定》没有对此作出具体明确的规定，根据《中华全国总工会关于推行区域（行业）职工代表大会制度的意见（试行）》的精神，推行区域（行业）职工代表大会制度要坚持以下几个原则：一是坚持党的领导。推行区域（行业）职工代表大会制度要在区域（行业）党组织的领导下进行，认真贯彻落实党和政府的有关方针政策。二是坚持实事求是。要根据所在地区经济社会发展和不同行业中小企业的实际情况，加强区域（行业）职工代表大会制度建设。三是坚持借鉴创新。

根据区域（行业）职工代表大会制度所覆盖企业的性质和特点，借鉴企业职工代表大会制度的经验，从制度内容、形式等方面进行创新，并在实践中不断完善。四是坚持协调合作。区域（行业）工会组织与相关部门、区域（行业）内企业职工和经营管理者应依照法律法规和有关政策加强协调、密切合作，共同推进区域（行业）职工代表大会制度建设。

85 如何做好职工代表巡视工作?

（1）选好职工代表。开展职工代表巡视，选好人是前提。公司工会在职工代表中，可通过民主选举的方式，选出一批群众威信高、业务技术精、敢于为群众说话的职工代表来当选巡视代表成员。

（2）规范巡视程序。工会可制定本公司的《职工代表巡视制度》，规范巡视内容、方法、程序及要求，实现巡视工作的规范管理。巡视内容可包括如下几个方面：主要涉及企业经营、生产及重点工程建设情况；厂务公开；集体合同；代表提案办理；安全生产、劳动保护、生活福利等涉及职工切身利益的事项和相关制度规定的执行情况。职工代表巡视组成员除参加公司工会组织的专项巡视检查活动外，还应经常性地结合自身岗位特点开展日常巡视活动。主动关注公司生产经营和改革发展情况，密切与周围职工的沟通与联系，广泛收集职工群众反映的思想动态，热点、焦点问题以及较为集中的利益诉求，并可通过多种形式向公司工会反馈，切实履行好职工代表的责任与义务。关于巡视处理程序的规定：职工代表巡视活动结束后，需出具巡视检查报告或者整改意见书。负责整改的单位或部门在接到职工代表巡视检查整改意见书后，应在规定时间内提出整改方案，并将处理结果及时反馈至公司工会。公司工会针对巡视情况，适时向公司有关部门反馈，向公司党委汇报。

（3）做好整改反馈。公司工会应当把影响企业发展的重点、难点问题以及职工关心的焦点和热点问题作为巡视内容。可组织针对企业安全生产与劳动保护情况、班组建设与班务公开情况、职工困难补助情况、职工食堂情况等巡视。每次巡视结束，公司工会对巡视情况归纳汇总，在总结分析的基础上提出工作建议向公司反馈报告。

注意：巡视方法主要有“听、看、询、测、提、议”。其中“听”即听取有关单位的汇报或情况介绍，听取职工群众的意见、反映和评价；“看”即查看实物、台账、报表、相关基础档案资料等；“询”即对巡视中见到的问题，当场向有关人员进行询问或提出质询；“测”即通过调查问卷等形式了解职工对某项工作的满意度；“提”即代表就巡视中发现的问题提出意见建议，促进整改；“议”即代表针对某一涉及职工利益的事项、问题、方案、办法等，召开专题会议，进行研讨和评审。

86 职工代表大会是否可以采用线上线下结合的形式召开？如何开展？

职工代表大会可以采用线上召开的形式。虽然《工会法》《企业民主管理规定》中没有明确规定“线上召开职工代表大会”的相关内容，但根据当前面临的新形势、新情况，尤其在新冠肺炎疫情的影响下，召开线下形式的职工代表大会很难实现。那么召开职工代表大会就要另寻新的路径与方法。在网络飞速发展、新科技手段日新月异的今天，采取线上的形式召开职工代表大会符合现实需要。

线上召开职工代表大会可以采取如下程序展开。要做到内容不简化、程序不简化，可以设置一个主会场，几个分会场，每个会场控制一定的人数。表决可以用手机在微信群或者投票软件进行，同时发表意见，采用大屏幕直播。会前提前下发职工代表大会线上有关通知和操作流程，按照公司工会和相关责任部门的要求，做好会前、会中、会后详细且全面的安排部署。

87 职工代表大会在企业改制中应发挥怎样的作用？

国家经济贸易委员会、财政部、劳动和社会保障部等部门印发的《关于国有大中型企业主辅分离辅业改制分流安置富余人员的实施办法》中规定，“企业的改制分流方案须经过改制企业职工代表大会讨论，充分听取职工意见。其中涉及职工分流安置和用于安置职工的资产处置等有关事项，要经职工代表大会审议通过；未经审议通过，不得实施企业改制分流工作”。其中“未经审议通过，不得实施企业改制分流工作”之规定，就说明，国有企业主辅分离辅业改制的工作的决定权在职工的手中，即职工通过职工代表大会行使决定权。根据这个文件的规定，职工代表大会在企业改制分流工作中的决定性作用表现为两个方面：对企业改制分流方案的审议，审议通过安置职工和安置职工的资产处置等有关事项。如果说职工代表大会对企业改制方案的审议还是程序性的规定，那么，职工代表大会对企业改制对职工分流的安置及安置职工的资产的处置等有关事项则具有实质性的决定权。因为所有这些都必须由职工代表大会审议通过。所谓审议通过就是在征集职工和职工代表意见的基础上进行修改，提交职工代表大会表决，只有职工代表大会表决通过的方案才是有效的，方可付诸实施。反之，表决未能通过则必须重新研究，不能实施。关于对职工的安置及与安置职工的资产处置等有关事项经职工代表大会审议通过，这既是程序性规定也是实质性规定。所以说，这也是企业改制的必要条件，职工代表大会对企业改制中涉及职工分流、安置、减员等事项的决定权也是基于此。因此，职工代表在审议和表决这些涉及职工切身利益的事项时，必须具有高度的责任感而慎重行使法律赋予的权利。

实际上，职工代表大会在改制中的主要任务是审议企业改制的方案。所谓审议就是对企业的改制方案予以广泛的讨论。企业改制方案必须提交职工代表大会进行讨论，职工代表大会是职工行使对企业民主管理的权力机构，职工的民主管理权利要通过职工代表大会这样的组织形式来行使。所谓必须提交职工代表大会审议，就是说未经职工代表大会审议的改制方案是无效的。审议权和决定权还是有区别的。但是，经职工代表大会审议，这是企业改制方案有效的“程序性”规定，在法律上，程序法优于实体法，也就是说，违反了程序的决定不受法律的保护。职工代表大会是职工行使对企业管理的权力机构，是职工行使民主权利的组织形式。职工代表必须依法履行其法定的职责，企业必须为职工代表履行工作职责提供保障。

作为职工代表在职工代表大会上表达的意见和建议，第一位的应当是广大职工的意见和建议，第二位才是职工代表个人的意见和建议。尤其在两者不尽相同的时候，绝对不能用职工代表个人的意见和建议取代广大职工的意见。为了保障职工代表能够真正准确地反映广大职工的心声，企业在召开职工代表大会之前，必须将会议审议的议题如改制方案事先发放到职工代表手中，给予职工代表充分的学习了解改制方案的时间以及职工代表在广大职工群众中广泛讨论征集意见和建议的时间。这期间，作为职工代表大会的日常工作机构和职工利益的代表者的工会委员会，如果有可能，应当通过各种形式把企业改制方案的精神实质及要点向职工代表和广大职工进行阐释。只有这样才能保证企业改制方案“充分听取职工的意见”。职工代表大会审议改制方案的内容应当是全方位的，从改制的形式如合资、合作，出售的对象以及这些对象的背景资料，到改制后的企业的基本制度的建立，如董事会、监事会的组成，经理人选、职工持股及其持股的比例和管理、职工民主管理权利的保障等。

职工代表大会在企业改制中的其他作用：

（1）督促企业执行劳动合同和平等协商、集体合同制度。要使企业依照《劳动法》《劳动合同法》等法律法规做好职工劳动合同的续签、重签、变更、解除和终止工作，防范和制止借改制之机大规模裁减人员现象和随意裁员行为的发生。

（2）督促企业妥善处理对解除劳动合同职工的经济补偿问题。要使企业将转让国有产权的价款优先用于支付职工的补偿金、偿还拖欠职工的工资和补缴欠缴的社会保险费，向需要裁减的人员一次性兑现经济补偿金，清偿拖欠职工的工资、医疗费、集资款等各种债务，补缴欠缴的社会保险费和住房公积金，向继续留用人员一次性支付置换身份的经济补偿金和清偿各种债务。同时，要防范和制止违背职工意愿强行将经济补偿金和企业未清偿债务作为职工股本金入股。

（3）督促企业完成职工各项社会保险关系的接续。要使企业依法按章足额缴纳社会保险费，及时为职工接续养老、失业、医疗、工伤、生育等各项社会保险关系。按政策采取内部退养、协议保留社会保险关系等办法，妥善安置距法定退休年龄 5 年以内的职工，及时落实新裁减人员的失业保险等相关待遇。

（4）督促企业搞好职工安置和再就业工作。要使企业制定并实施合法、有效的职工安置方案，保证下岗失业人员享受各项扶持再就业的待遇，妥善解决工伤、患职业病以及困难职工的基本生活保障问题。

88 职工代表大会制度在公司法人治理结构中应发挥什么作用？

职工代表大会对公司董事会、监事会、经理层正确行使职权、履行职责，具有重要的补充作用。

首先表现在职工代表大会对公司的重大决策和管理，依法享有知情权、参与权、建议权。根据《企业民主管理规定》的相关规定，选举产生企业职工董事、职工监事的，职工代表大会可以直接或者通过职工董事、职工监事提出意见和建议，为促进公司决策的科学性、正确性提供更多的信息和意见，减少决策失误。

其次是职工代表大会通过法定程序审议公司有关业务事项，行使职工群众的监督权，包括职工代表大会召开会议对企业的决策、规章制度的制定，集体合同的签订，劳动合同和集体合同以及劳动法律法规执行情况，厂务公开民主管理开展情况进行审议、审查和监督，通过组织职工代表对企业的管理活动进行巡视检查监督和对企业管理人员进行民主评议，以及通过职工监事的监督促进公司的决策科学、管理完善、监督到位，使公司制企业治理结构不仅仅解决投资者的权利和利益保护问题，也能够很好地解决劳动者的权利和利益保护问题，使投资者和劳动者的利益趋向平衡，劳动关系和谐稳定，企业和职工共同发展。

89 开好分厂、车间职工（代表）大会需要把握好哪几个方面问题?

（1）正确处理好职工（代表）大会与车间党组织的关系。一是车间职工（代表）大会要接受车间党组织的领导。车间职工（代表）大会接受车间党组织的领导应该做好几个方面的工作：①在召开职工代表大会之前，车间工会要将职工代表大会的议题向车间党组织汇报，积极主动地取得领导的支持。按照车间党组织的要求，做好车间职工（代表）大会的筹备工作。②车间职工（代表）大会与车间行政领导意见产生分歧时，要及时向党组织汇报，请党组织给予协调。③车间工会要经常向党组织汇报车间的以职工（代表）大会为基本形式的民主管理工作，主动争取党组织的领导和支持。二是车间党组织要支持车间职工（代表）大会的工作。《中国共产党章程》中对基层党组织的任务作出规定，明确其五项任务中的第三项是：支持职工（代表）大会的工作。

（2）处理好职工（代表）大会与车间行政的关系。车间职工（代表）大会与车间行政管理都是车间管理不可缺少的重要组成部分。二者之间的关系是相辅相成、共同发展的。车间主任应支持车间职工（代表）大会的工作。具体包括：①在职工（代表）大会上向职工代表报告工作。②认真处理落实职工代表的提案，落实提案要定人定责，并及时将提案处理结果告知提案人。③要为职工（代表）大会行使职权创造条件。召开职工（代表）大会时，车间主任应主动与工会商量，研究召开职工（代表）大会的有关事项，认真开好会议。同时，要认真贯彻实施大会的决议，接受职工代表的监督检查。

职工（代表）大会和工会也要支持车间主任的工作。主要包括如下几个方面内容：①车间职工（代表）大会要支持车间主任行使生产管理指挥权。②引导职工自觉地遵守规章制度，服从指挥，努力完成生产工作任务。③当车间生产工作中遇到困难时，应发动职工献计献策，发挥主人翁的积极性，共同克服困难。④职工（代表）大会与车间主任发生意见分歧时，双方应进行协商。按照各自的职权范围，本着相互尊重的原则，对有分歧的问题妥善加以解决。若最后还不能达成一致意见时，可请车间党组织进行协调，并向上级行政或工会反映。

（3）处理好职工（代表）大会与车间工会的关系。《公司法》规定，工会是企业民主管理的组织者，是职工（代表）大会的工作机构。以职工（代表）大会为基本形式的民主管理是车间工会工作的重点，是工会履行维护职工合法权益这一基本职责的主要载体和手段。车间工会委员会是车间职工（代表）大会的工作机构，职工（代表）大会日常工作由车间工会负责。主要包括以下工作：①职工（代表）大会的组织筹备工作。如提出召开车间职工（代表）大会的议题，拟订方案，做好职工代表的选举与补选工作，并负责会议的筹备和会议期间的组织工作。②主持召开车间职工（代表）大会联席会议。在职工（代表）大会闭会期间，主持召开职工（代表）大会联席会议，协商解决需要临时解决的重要问题，并将处理结果向下一次职工（代表）大会报告。③组织开展对决议落实情况的检查等民主管理活动。一是督促检查车间职工（代表）大会决议和提案的落实；二是加强对职工代表的培训，提高职工代表素质；三是受理职工代表的申诉和建议，维护车间职工代表和职工群众的民主权利；四是指导班组开好班组民主管理会，支持班组民主管理会正确行使职权，加强班组民主管理工作。

90 集团公司应该建立何种形式的职工代表大会制度？

集团公司根据战略管控型的模式，按照职工代表大会职权与管理授权相匹配的原则，可对职工代表大会体系进行系统设计，对职权进行统一配置，建立子集团级、成员单位级、车间／班组级多级职工代表大会体系，即子集团层面的事宜通过子集团层面的职工代表大会，子集团所属单位的事宜通过所属单位的职工代表大会（或职工大会）。职工代表组织筹备应根据《工会法》和《中国工会章程》的有关规定，按照《企业民主管理规定》、地方性企业民主管理条例和操作规程等规定执行，若职工代表大会与工会会员代表大会同时谋划还需遵照《基层工会会员代表大会条例》的相关规定。

职工代表大会具备相关制度规定职权。多级职工代表大会可根据所属管理层面确立配置职工代表大会职权。子集团级职工代表大会可偏重战略规划、经营方针，以投资管理为主要特征。下属单位以独立法人为主体的职工代表大会偏重于经营目标和措施，具有相对独立的劳动用工、分配管理、生活福利。对于车间班组偏重于生产计划和任务安排，具有一定管理权限的生产、管理或业务单元的职工代表大会。具体审议建设权可包括企业年度工作报告、职工代表大会工作报告、财务决算和审计工作报告、企业经营方针、中长期发展规划、年度工作计划、企业改制方案和重大改革措施、听取企业经营方面的重大问题。审议通过改革方案、发展目标以及涉及职工切身利益的事项。职工代表大会会后需将会议召开情况、民主测评情况、班子成员的述职报告向上级工会和集团公司系统工会备案。签订的《集体合同》文本报人力资源部备案，并提供召开会议的图片资料。建立职工代表大会专门工作委员会，做好闭会期间的民主管理工作，充分发挥职工代表大会联席会议的重要作用。

91 推行企业集团职工代表大会制度建设的工作要求是什么？

根据《中华全国总工会关于推行企业集团职工代表大会制度的意见》的规定，推行集团职工代表大会制度的工作要求包括如下内容：

（1）集团职工代表大会职工代表构成比例和产生方式。集团职工代表大会的职工代表数额应以企业集团职工人数为基数，依据《企业民主管理规定》第八条有关规定确定。其中，集团中层以上管理人员和领导人员，原则上不超过职工代表总数的

20%，所属单位多、分布广的集团中层以上管理人员和领导人员一般不超过代表总数的35%。职工代表中应有适当比例的劳模先进工作者、高技能领军人才、女职工、青年职工、农民工的代表。参加集团职工代表大会的职工代表可以在企业集团总部和各所属基层单位职工代表大会的职工代表中选举产生，也可以在企业集团全体职工中直接选举产生。

（2）集团职工代表大会的届期和会议召开。集团职工代表大会每届届期为三年至五年，具体届期由职工代表大会根据实际情况确定，每年应至少召开一次。在条件允许的情况下，要合理规划职工代表大会会期、内容，与董事会、年度工作会议等有机衔接。职工人数众多、地域分布广的企业，在集团职工代表大会召开形式上可探索线上和线下相结合的方式，但在涉及重要事项表决时，应集中现场开会，以保障职工真实意愿的表达。

（3）集团职工代表大会闭会期间的工作制度。企业集团工会是集团职工代表大会的工作机构，负责集团职工代表大会的日常工作。闭会期间，遇有确需经集团职工代表大会审议或审议通过的重大事项，按规定召开临时集团职工代表大会；有需要临时解决涉及职工切身利益的重要问题可由企业集团工会组织召集职工代表团（组）长和专门委员会（小组）负责人联席会议协商处理。联席会议由集团工会召集，必须由各代表团（组）长和专门委员会（小组）负责人参加；协商讨论解决属于集团职工职权范围内的事项必须由集团职工代表大会授权，并提请下一次集团职工代表大会确认；企业集团改革改制方案必须经集团职工代表大会审议，国有及其控股企业集团职工安置方案必须经集团职工代表大会审议通过，不可由联席会议替代集团职工代表大会行使职权。

92 企业集团职工代表大会的职权有哪些？

认真履行集团职工代表大会的职权，要根据国家相关法律法规，从企业集团决策管理权限出发，围绕企业集团发展规划、经营决策、重要规章制度、涉及职工切身利益的重大问题，确定集团职工代表大会的各项职权内容。主要包括：

（1）审议建议权。集团职工代表大会应听取企业集团工作报告，审议企业集团经营方针、中长期发展规划、年度计划、财务预决算、安全生产等重要事项的报告；审议企业集团改制方案和重大改革措施；审议企业集团职工持股方案；审议企业集团制订、修改或者决定的有关劳动报酬、工作时间、休息休假、劳动安全卫生、保险福利、职工培训、劳动纪律以及劳动定额管理等直接涉及职工切身利益的规章制度或者重大事项方案，提出意见和建议。

（2）审议通过权。集团职工代表大会应审议企业集团民主管理制度实施办法；审议企业集团集体合同草案、专项合同草案、企业年金方案、住房制度改革方案；审议职工奖惩办法、劳动模范推荐人选等重大事项。在审议的基础上，进行投票表决，形成通过或不通过的决议。国有及其控股企业集团产权转让、合并、分立、改制、解散、破产实施方案中职工的裁减、分流和安置方案也应当经集团职工代表大会审议通过。

（3）监督评议权。集团职工代表大会应监督企业集团及所属基层单位建立和健全完善职工代表大会和厂务公开等民主管理制度情况；监督企业集团职工代表大会决议贯彻执行情况和提案落实情况；审查监督企业集团及所属基层单位执行劳动法律法规和劳动规章制度的情况；审查监督企业集团及所属基层单位履行集体合同的情况；民主评议集团职工董事、职工监事。国有及其控股企业集团应当通过集团职工代表大会民主评议集团领导人员。

（4）民主选举权。集团职工代表大会应依法选举或罢免企业集团职工董事、职工监事；选举集团职工代表大会专门委员会（小组）成员；选举依法进入破产程序企业集团的债权人会议和债权人委员会中的职工代表；选举法律法规规定或者企业集团党委、行政与工会协商确定应当由集团职工代表大会选举产生的其他人员。

（5）法律法规赋予职工代表大会的其他权利。在推进企业集团改革改制过程中，特别是在国有企业集团推进混合所有制改革过程中，要重点规范改革调整重大事项的集团职工代表大会审议建议程序。涉及企业集团改革调整的重大事项，应当通过集团职工代表大会履行审议建议权的民主程序，提出意见建议。所属基层单位在此基础上细化方案，提交本级职工代表大会审议并履行相应的民主程序。要重点规范涉及企业集团职工切身利益重要事项的集团职工代表大会审议程序。涉及企业集团职工安置等职工切身利益的重要事项，应当通过集团职工代表大会严格履行审议通过权等民主程序，根据所属基层单位实际，提出统一要求与分类指导相结合的原则。所属基层单位按照集团职工代表大会决议细化方案，提交本级职工代表大会审议通过后实施。

93 如何对厂务公开的责任主体进行考核监督？

加强对厂务公开责任主体的考核监督，是搞好厂务公开的重要环节。

（1）考核监督的形式。对厂务公开工作的考核监督可以采取多种形式。比较普遍的考核监督形式有以下几种：一是建立健全分工负责制、责任考核制和责任追究制，健全落实问责机制，自上而下地对厂务公开工作进行监督；二是在人力资源和社会保障部门开展劳动监察活动时，对厂务公开工作进行监督检查；三是通过政协委员视察，对厂务公开工作进行民主监督；四是有地方法规的地区通过人大执法检查推动厂务公开相关法规的贯彻落实；五是新闻舆论监督，主要是为了扩大厂务公开工作的社会影响。

（2）考核监督的标准。各级厂务公开协调领导机构制定的考核标准一定要尽可能明确、具体，能对比、可操作。检查考核标准可以根据不同时期的情况提出阶段性要求，并根据情况的发展变化及时修订。例如，上一级厂务公开协调领导机构对下一级厂务公开协调领导机构的检查考核标准至少应包括以下内容：一是组织机构健全，切实发挥作用，工作制度完善，能够认真执行；二是在推动改革、促进发展、维护稳定方面成效明显；三是经职工代表大会测评，职工满意或基本满意率在85%以上；四是厂务公开、职工代表大会的建制率达到地区标准。

（3）考核监督的内容。对企业开展厂务公开工作进行考核，可以包括以下内容：一是企业党政领导对厂务公开制度高度重视，建立行之有效的厂务公开、职工代表大会制度和相关措施，形成强有力的领导体制和工作机制；二是推动企业领导干部的廉洁自律，绝大多数企业职工对领导干部表示满意，民主评议领导干部中领导班子成员优秀率在80%以上；三是干群关系更加融洽，职工对本单位领导干部无重大违纪问题的信访举报；四是有利于调动经营管理者的积极性，保证企业依法行使经营管理权；五是企业改革成效显著，职工队伍稳定，经济效益增长；六是职工合法权益得到保障。许多地方在开展厂务公开监督考核工作中，都因地制宜地进行了有益探索。有的地方结合“诚信”建设，将厂务公开职工代表大会等民主管理制度纳入“企业劳动关系信用信息管理系统”或政府公共信用信息服务系统对企业开展民主管理工作情况进行实时监测和监管；有的地方在企业中开展了“厂务公开民主管理标准化工作”；有的地方制定了厂务公开质量评估办法，细化各项评估标准，确定评估主体和范围，并将考核、评估和评优工作结合起来；有的地方将厂务公开工作纳入非公有制经济组织构建和谐劳动关系考核评价体系中，制定了详细的评价标准。

94 混合所有制企业应当如何深化厂务公开工作创新?

混合所有制企业除了抓好企业重大决策、涉及职工切身利益问题以及干部廉政建设的情况外，还要推动厂务公开不断向企业的物资采购、产品销售、劳动安全、投资决策、财务及人事管理等经营管理领域延伸，依靠职工办好企业，推动企业经济效益的提高。

例如，2020 年 12 月 1 日，全国厂务公开协调小组下发表彰决定，山钢集团荣获“全国厂务公开民主管理先进单位”称号。多年来，山钢集团坚持全心全意依靠职工办企业的方针，秉承“为民情怀，职工福祉”信念追求，不断深化和创新厂务公开民主管理机制，着力构建以促进企业科学管理、依法维护职工合法权益、打造清明政治生态为主要目标的厂务公开民主管理工作模式，创新形成了集团化国有资本投资公司运行体制中规范的民主管理制度体系。山钢集团的具体做法有：强组织，奠定厂务公开民主管理基础；建制度，规范厂务公开民主管理体系；搭平台，丰富厂务公开民主管理途径。

95 职工董事制度对解决混合所有制下公司治理监督制衡难题有何积极作用?

在混合所有制下，要有效地破解公司治理中监督制衡难题，作为第三方力量，职工董事制度无疑具有积极的作用。

（1）有利于监督国有股东及其代表和非国有股东行为，维护国有资产的安全和增值。相对于股东，尤其是中小股东，职工董事对股东及公司管理层的监督更有效率。一方面，职工身处公司内部和工作前线，信息不对称问题相对较小，在微观信息的掌握上比较充分，有着监督的便利；另一方面，职工参与监督的积极性比较高，有着监督的主观意愿。因此，职工董事有着独特的优势和作用，可以发挥一般投资人无法发挥的民主监督作用，以保证国有资产的安全和增值。

（2）有利于平衡国有股东和非国有股东之间的利益冲突，化解公司治理困境。公司内部的权力制衡一直以来都是公司治理结构中的核心问题。在董事会中引入职工董事，既保持了现有董事会的独立性，又能增强董事会的内部制衡，提高决策的民主化、科学化程度。职工董事制度是职工享有参与权的体现，该权利与其他主体的权利（如股东权利、经理的经营管理权）既有对抗又有合作，在公司诸多权利主体所形成的权利体系中具有平衡与制约的功能，因此在公司经营与管理的不同场合，该权利对于股权与经营权具有矫正和推进的双重功能。

（3）有利于从源头上维护职工的合法权益，缓解劳资冲突，促进公司民主管理。由于劳动者在企业劳动关系主体中处于相对弱势和被动的地位，其合法权益也往往更容易受到侵害。职工代表进入董事会是管理现代化的必然要求，也是民主管理的高级形态。赋予职工一定的权利，让其合理参与公司治理，有利于以合作取代对抗，科学规范地反映职工诉求，缓解劳资之间的冲突；有利于促进企业决策的科学化、民主化和规范化；有利于提高企业管理水平，促进公司的改革和发展，从而实现国家利益、出资人利益、公司利益和职工利益的协调发展。

96 落实职工董事、职工监事制度对于企业发展有哪些益处？

建立和推行职工董事、职工监事制度是建立现代企业制度的客观要求，是职工代表大会制度的延伸和发展，是公司制企业实行民主决策、民主管理和民主监督的必要途径，对于进一步贯彻落实党的全心全意依靠工人阶级的根本指导方针，促进国有企业的改革和发展有着极为重要的理论和现实意义。

（1）建立起与企业法人治理结构相适应的职工董事、职工监事制度，是职工董事、职工监事参与公司决策和监督的首要前提。建立职工董事、监事制度是公有制与公司制相结合的现代企业制度的客观要求和必然趋势，是职工作为劳动者的主人翁地位的具体体现。企业作为法人，必须要有一个完善的治理机构来对企业负责，它应包括股东的投资责任、董事会的决策责任、经理的日常管理责任、监事会的监督责任、工会和职工代表大会组织职工参与管理的责任。要使工会和职工代表大会在法人治理结构中发挥应有的作用，必须建立起与企业法人治理结构相适应的职工董事、职工监事制度。

（2）建立和完善职工董事、职工监事的工作运行机制，是发挥职工董事、职工监事参与决策、监督作用的重要保证。

（3）在维护公司整体利益的同时，更好地维护职工的合法权益，是职工董事、职工监事发挥参与决策和监督作用的实质内容。职工董事、职工监事在参与决策和监督中具有“两个维护”的身份特征，即在董事会、监事会运作的全过程，既要维护公司的整体利益，站在企业全局参与公司的重大决策，又要作为职工利益的代表者和维护者，更好地维护职工的合法权益。

97 工会在推动职工董事、职工监事制度建设中应该发挥怎样的作用？

各级工会要按照党中央关于推进基层民主建设的决策部署，积极推进职工董事制度、职工监事制度建设，依法保障公司职工的知情权、参与权、表达权和监督权，促进劳动关系与社会和谐稳定。

（1）自觉坚持党的领导，争取政府重视支持。各级地方工会要及时向党委汇报、向政府反映公司依法建立职工董事、职工监事制度情况及工作中的困难和问题。借助政府和工会联席会议制度、厂务公开协调领导机制、劳动关系三方协商机制等工作平台，会同有关部门合力推进职工董事、职工监事制度建构，督促违法违规公司整改，推动形成党委加强领导、政府重视支持、工会积极作为、有关各方齐抓共管职工董事、职工监事制度建设的良好工作格局。

（2）明确目标责任，加强工作检查督导。各级工会要围绕全面深化改革创新对现代企业民主管理工作的新要求，在深入调研的基础上制定工作规划，明确目标任务；细化实施方案，落实职责分工；突出工作重点，强化监督检查；创新工作方法，力求工作实效。探索建立激励约束机制，实行上下联动，将依法建立职工董事、职工监事制度，作为评先选优的必要条件；加强指导督促，扎实推进职工董事、职工监事制度健康发展。

（3）强化舆论宣传，不断优化工作环境。各级工会要加强对中国特色现代企业制度，包括职工董事、职工监事制度的研究，扩大研究成果的宣传，形成助力职工董事、职工监事制度建设的良好社会舆论氛围。争取通过人大执法检查、政府劳动监察和政协调研视察，推动公司依法建立和规范职工董事、职工监事制度。积极参与制定和修改推行职工董事、职工监事制度的地方法规政策，为加强职工董事、职工监事制度建设提供有力的法治保障。

（4）坚持问题导向，精准发力破解难题。各级工会要根据国有独资、国有控股、混合所有制、私营、外资等不同类型所有制企业的实际，提出有针对性的指导意见，推动职工董事、职工监事制度有机融入现代企业制度体系。在深化国企改革、发展混合所有制经济过程中强化职工源头参与，代表好、维护好职工的合法权益，促进劳动关系和谐。聚焦职工最关心、最直接、最现实的利益问题，着力推进公司依法保障职工劳动经济权利，畅通职工利益诉求表达渠道，组织职工有序参与企业管理。

（5）夯实工作基础，多措并举补齐短板。各级工会要注重及时总结建制经验，发挥先进典型的示范引领作用。扎实开展培训工作。积极探索建立职工董事、职工监事建制信息库和工作评估制度，运用大数据和“互联网 +”等现代化手段，加强对职工董事、职工监事的管理。把推进职工董事、职工监事制度建设与工会自身建设以及职工代表大会等民主管理制度建设结合起来，形成优势互补、作用叠加效应，更加有效地调动激发劳动关系双方的积极性、创造性，实现职工与公司共同发展、共享成果。

98 班组民主管理的组织形式和工作程序有哪些？

班组民主管理的基本形式是班组民主管理会，其他形式主要有班组民主评议会、班组民主生活会等。

通常情况下，每月召开一次民主管理会议。听取和审议班组长的工作计划和工作总结，讨论落实车间下达的生产任务，并提出建议和意见。讨论和通过班组各项管理制度、经济责任制、奖金分配、劳动和技能竞赛办法等，在取得一致意见后实施。根据班组具体情况，讨论审议职工生活福利事项。讨论通过班组职工晋级、学徒工转正（定级）、评先以及对职工奖惩的决定。每季度召开一次民主生活会，开展批评和自我批评，充分肯定他人成绩、优点；用尊重、关心、礼貌的语言提出批评意见和诚恳的希望。每半年评议一次班组长的工作，评议要实事求是，班组长应诚恳接受评议，评议结果要做好记录，同时向上级报告。民主选举职工代表、班组的五大员。

民主管理会讨论通过的重大事项应采取举手表决或者无记名投票方式，同意票应超过本班组职工半数及以上方可通过。民主管理会的记录内容包括会议议题、通过（决定）的事项，参加人数及主持人名单、讨论情况、表决结果等。班组职工可以联名或以个人名义在民主管理会提出职代会提案，属班组范围内的提案，工会小组长应同班组长协商，督促落实；属公司范围内的提案，经整理后报公司工会，按程序办理；属合理化建议的提案，按照有关规定办理。公司工会有指导、支持和维护班组民主管理会正确行使职权的义务。

99 班组民主管理的制度建设和活动方式有哪些？

为了保证班组民主管理工作的正常开展，必须建立健全民主管理制度，并采取与之相适应的活动方式。

（1）班组民主管理会。①班组民主管理会由工会小组长主持，工会小组长必须由工会小组成员民主选举产生；②班组民主管理会一般每月召开一次，可根据需要，由班组长、工会小组长或 1/3 以上职工提议，随时召开；③班组民主管理会要有本班组 2/3 以上的职工出席方能召开，讨论决定的事项，要有班组全体职工过半数同意才能生效；④班组民主管理会作出的决定，如与班组长的意见不一致，要协商解决，协商无效，可以报告车间行政和车间工会进行调解；⑤班组民主管理会在其职权范围内讨论决定的有关事项，未经班组民主管理会讨论通过，任何人不能改变；⑥建立班组民主管理会议及活动记录本，指定专人负责记录。

（2）班组民主管理小组。为了有组织、有领导地实行班组民主管理，可以在一些人数比较多的班组建立班组民主管理小组，主持班组民主管理的日常工作，对班组民主管理会负责。①班组民主管理小组，由工会小组长、班组长、职工代表和民主管理员组成，在工会小组长主持下开展活动，一般每周碰头一次，讨论研究班组民主管理工作。②班组民主管理小组的主要职责：负责完成班组民主管理会交办的任务，定期向班组民主管理会汇报本班组民主管理工作情况，检查、督促班组民主管理会通过的有关制度、方案的落实和实施；负责班组民主管理会的筹备工作和组织工作，包括提出议题的建议，起草必要的文字材料；负责班组民主管理会议活动的记录工作，保管记录本；负责协助班组长做好班组成员的思想工作，经常听取班组职工的建议、意见和申诉，并向有关领导反映。

100 如何通过机制创新推动职代会高效规范？

新时代新形势要求企事业单位加强职代会制度规范化建设，探索适应时代和企事业特点的职代会数字化建设，充分发挥职代会议大事、作决策、定方向的重要作用，切实维护职工合法权益，推动职工与企事业共同发展。

第一，坚持以人为本，发挥职工代表主体作用。一是严格职工代表推选条件，实行职工代表常任制。在职工代表换届选举前，按各岗位职工代表的比例要求将名额分配到各选区、各部门。根据企事业经营管理实际和职工构成等实际情况，设置当选代表的基本条件和优先条件。二是制定职工代表履职评价标准。将职工代表权利义务作为基础职责，结合企业实际，制定具体可量化的职工代表履职评价标准。三是建立职工代表考核和激励机制。每年年底结合职工代表的变动情况和职工代表当年工作绩效、履职等情况，反馈到所在部门，根据职工代表职责要求和评价标准评价考核。

第二，开展闭环管理，发挥职代会提案主渠道作用。建立闭环管理机制，不断提高职代会提案质量。一是职代会提案日常化。把定期提案改为随时提案，通过主席对话、工会开放日、工会专线和主席热线等形式，畅通职工利益诉求渠道。二是建立提案闭环管理机制。对职工的建议和职代会提案，及时研究，及时反馈，及时实施，形成闭环管理。三是职代会提案体现职工心声。职代会提案内容广泛，既涉及提高生产技术、优化经营管理、提高产品和服务质量，也涉及职工切身利益，在职工合法权益方面发挥重要作用。

第三，坚持数字赋能，助力职代会创新。一是搭建智慧工会，设立职代会板块。上线工会微站，将推进企业民主管理作为重点内容，设置专门板块。二是拓展职工互助功能。建立职工代表数字化述职制度，将每位职工代表的履职情况移到线上，可随时进行在线填写提案、收集职工建议、沟通帮助职工参与公司活动等履职信息。三是规划数字职代会方案，进一步完善职代会相关内容，规范职代会各项工作。

MIN ZHU GUAN LI ZI CE TI

第六部分

民主管理自测题

一、单选题

1. 职工人数（ ）人以上的企业应当召开职工代表大会；职工人数不足（ ）人的企业一般召开职工大会。

A. 五十　　B. 八十

C. 一百　　D. 二百

2. 职工代表大会是企事业单位实行民主管理的（ ），是协调劳动关系的重要制度，是职工行使民主管理权力的机构。

A. 根本形式　　B. 一般形式

C. 特殊形式　　D. 基本形式

3. 职工代表大会应当充分发扬民主，实行（ ）的原则。

A. 全体一致　　B. 少数服从多数

C. 多数　　D. 平等

4. （ ）是职工代表大会的工作机构，承担职工代表大会的日常工作。

A. 职工代表大会主席团

B. 企事业单位的工会

C. 职工代表大会民主管理专门小组（委员会）

D. 职工代表团（组）长和专门委员会负责人联席会议

5. 职工代表的构成应当以一线职工为主体，中、高层管理人员不超过（ ），跨地区、跨行业的大型集团企业的比例可以适当提高。

A. 10％　　B. 20％

C. 30％　　D. 40％

6. 职工代表大会每届任期为（　）。

A. 一年　　B. 二年

C. 三年至五年　　D. 三年或五年

7. 职工代表大会因故需要延期换届的，延期时间不得超过（　）。

A. 三个月　　B. 半年

C. 一年　　D. 两年

8. 职工代表大会中一线职工代表的比例不得少于（　）。

A. 20%　　B. 30%

C. 40%　　D. 50%

9. 职工代表大会的经费由企事业单位在（　）中列支。

A. 管理费用　　B. 工会经费

C. 职工福利费　　D. 党费

10. 职工代表大会须有全体职工代表（　）以上出席，方可召开。

A. 三分之一　　B. 二分之一

C. 三分之二　　D. 五分之四

11. 企业召开职工代表大会的，职工代表人数按照不少于全体职工人数的（　）确定，最少不少于三十人。

A. 千分之三　　B. 百分之二十

C. 十分之一　　D. 百分之五

12. 提交职工代表大会审议和审议表决的书面材料，应当在职工代表大会召开的（ ）前送交职工代表。

A. 三日　　B. 五日

C. 七日　　D. 十日

13. 职工代表大会审议通过事项，应采取（ ）方式，并须获得全体职工代表半数以上赞成票方可通过。

A. 无记名投票　　B. 记名投票

C. 举手表决　　D. 鼓掌

14. （ ）应当指导和帮助企业工会和职工依法开展企业民主管理活动，对企业实行民主管理的情况进行监督。

A. 同级工会　　B. 上级工会

C. 同级政府　　D. 上级政府

15. 职工代表由职工（ ）产生。

A. 代表推荐　　B. 民主选举

C. 讨论　　D. 协商议定

16. 职工代表团（组）长和专门委员会负责人联席会议的组成人员主要由三方面人员构成：一是（ ）；二是职工代表团组长；三是专门工作委员会或小组负责人。

A. 党委有关领导　　B. 工会委员会委员

C. 行政有关领导　　D. 工会主席

17. 职工代表实行（ ），其任期与职工代表大会届期一致，可以连选连任。

A. 委任制　　B. 聘任制

C. 常任制　　D. 授权制

18. 选举单位职工提出撤换职工代表的要求，工会及时调查核实，经过选举单位讨论，（　）以上职工同意，可做出撤换职工代表的决定。

A. 三分之二　　B. 四分之三

C. 二分之一　　D. 五分之三

19. 职工代表巡视检查工作由（　）牵头并组织实施，在组织巡视前，应向党政书面汇报巡视方案，取得党政的支持。

A. 职工代表团组长　　B. 联席会议负责人

C. 工会　　D. 工会主席

20. 企业厂务公开工作在企业党委领导下进行，（　）是实行厂务公开的主体。

A. 工会　　B. 职工代表大会

C. 党委　　D. 企业行政

21. 在厂务公开的过程中，必须坚决防止和克服（　），保证公开的（　），务求工作实效。

A. 形式主义，真实性　　B. 教条主义，民主性

C. 形式主义，民主性　　D. 教条主义，真实性

22. 企事业单位厂务公开的运行机制是（　）领导，（　）实施，（　）监督，（　）协调。

A. 党委 纪检 行政 工会　　B. 党委 行政 纪检 工会

C. 党委 工会 纪检 行政　　D. 党委 纪检 工会 行政

23. （　）是厂务公开的基本形式和主要载体。

A. 厂情发布会　　B. 职工代表大会

C. 厂务公开栏　　D. 职工民主议事会

24. （　）是实行厂务公开的责任人。企业应当建立相应机

构或者确定专人负责厂务公开工作。

A. 企业主要负责人　　B. 全体职工

C. 工会主席　　D. 企业行政

25. （　）是企业开展厂务公开工作的具体工作者，负责厂务公开领导机构的日常工作，督促、配合行政落实厂务公开制度。

A. 企业党组织　　B. 企业经营管理者

C. 企业工会　　D. 职工

26. 实行厂务公开，必须遵循（　）和党的方针政策，坚持实事注重知实效、有利改革发展稳定和保护商业秘密的原则。

A. 国家大政方针　　B. 党的指导思想

C. 国家法律法规　　D. 企业管理办法

27. 厂务公开工作每年至少向职工代表大会报告（　），职工代表大会对厂务公开工作进行民主评议。

A. 四次　　B. 三次

C. 两次　　D. 一次

28. 厂务公开是指企业依照法律法规规定，将与本单位改革发展稳定和职工切身利益密切相关的重大问题和重要事项，通过（　）和其他适当形式向广大职工公开的办事规程和行动准则。

A. 职工代表大会　　B. 厂务公开栏

C. 生产调度会　　D. 民主生活会

29. 公司应当依法在（　）中明确规定职工董事、职工监事的具体比例和人数。

A. 公司规定　　B. 公司章程

C. 公司日常规范　　D. 公司行政条例

30. 职工董事、职工监事候选人由公司（　）根据自荐、推荐情况，在充分听取职工意见的基础上提名，经职工代表大会全体代表的过半数通过方可当选，并报上一级工会组织备案。

A. 工会　　B. 职代会

C. 股东会　　D. 董事会

31. 工会主席、副主席（　）作为职工董事、职工监事候选人人选。

A. 可以　　B. 不可以

C. 应当　　D. 必须

32. 职工代表大会在其职权范围内依法审议通过的决议和事项具有约束力，非经（　）同意，不得变更或撤销。

A. 上级主管机关　　B. 政府有关部门

C. 职工代表大会　　D. 企业党委

33. 职工董事、职工监事的任期与公司（　）的任期相同，（　）连选连任。

A. 工会主席、副主席　可以

B. 工会主席、副主席　不可以

C. 其他董事、监事　可以

D. 其他董事、监事　不可以

34. 职工董事、职工监事不履行职责或者有严重过错的，经（　）职工代表联名提议，职工代表大会全体代表的过半数通过可以罢免。

A. 全部　　B. 三分之二以上

C. 过半数以上　　D. 三分之一

35. 职工董事、职工监事出现空缺时，应当由（　）提出替补人选，提请（　）民主选举产生。

A. 公司董事会　公司工会委员会

B. 公司董事会　职工代表大会

C. 公司工会委员会　公司工会

D. 公司工会　职工代表大会

36. 职工董事、职工监事在任职期间，除法定情形外，公司（　）与其解除劳动合同。

A. 可以　　B. 不可以

C. 不应当　　D. 不宜

37. 职工董事、职工监事与公司的其他董事、监事享有（　）权利。

A. 同等　　B. 基本一致

C. 相似　　D. 不同等

38. 公司的（　）和监事不得兼任职工董事，公司的高级管理人员和董事不得兼任职工监事。

A. 法定代表人　　B. 主要投资人

C. 主要股东及近亲属　　D. 高级管理人员

39. 职工董事、职工监事不履行职责或者有严重过错的，（　）有权罢免职工董事、职工监事。

A. 董事会和监事会　　B. 党委会

C. 职工代表大会　　D. 股东会

40. 职工董事、职工监事出现空缺时，应当及时进行补选，职工董事、职工监事的空缺时间一般不得超过（　）。

A. 一年　　B. 六个月

C. 三个月　　D. 两个月

二、多选题

1. 下列（　）事项应当向职工代表大会报告，接受职工代表大会审议，听取职工代表大会代表的意见和建议。

A. 企事业单位的发展规划，年度经营管理情况和重要决策

B. 企事业单位制订、修改、决定直接涉及职工切身利益的规章制度或者重大事项

C. 工会与企业就职工工资调整、经济性裁员、群体性劳动纠纷和生产过程中发现的重大事故隐患或者职业危害等事项进行集体协商的情况

D. 职工代表大会工作机构的工作情况、联席会议协商处理的事项

2. 下列哪些人员应当由职工代表大会民主选举产生？（　）

A. 工会委员会委员

B. 职工代表团（组）长

C. 民主管理专门小组（委员会）

D. 董事会和监事会中的职工代表

3. 下列哪些人员应当接受职工代表大会的民主评议？（　）

A. 董事会和监事会中的职工代表

B. 国有、集体及其控股企业的高级管理人员，事业单位负

责人，以及按照本市有关规定应当接受职工代表大会民主评议的其他人员

C. 法律法规规定应当接受职工代表大会民主评议的其他人员

D. 企事业单位与工会协商确定应当接受职工代表大会民主评议的其他人员

4. 职工代表在职工代表大会上拥有（ ）等权利。

A. 选举权　　B. 被选举权

C. 审议权　　D. 表决权

5. 企事业单位的职工代表大会可以由下列哪些主体提议召开？（ ）

A. 上级主管部门　　B. 企事业单位

C. 工会　　D. 三分之一以上职工代表

6. 厂务公开的主要内容有（ ）

A. 企业重大决策问题

B. 企业生产经营管理方面的重要问题

C. 涉及职工切身利益方面的问题

D. 与领导班子建设和党风廉政建设密切相关的问题

7. 厂务公开的工作原则有哪些？（ ）

A. 依法公开　　B. 及时公开

C. 真实公开　　D. 科学公开

8. 厂务公开与职工代表大会的关系包含以下哪些方面？（ ）

A. 厂务公开和职工代表大会的实质都是促进企业实行民主

管理

B. 职工代表大会依法行使职权、发挥作用是厂务公开的可靠保证

C. 职工代表大会相关制度规定也是实行厂务公开的有效形式

D. 厂务公开的内容与职工代表大会的各项职权不是一一对应的关系

9. 职工董事可以依法行使的权利有（　）

A. 参加董事会会议，行使董事的发言权和表决权

B. 提请召开董事会会议，反映职工的合理要求，维护职工合法权益

C. 组织召开有关生产经营的重要会议

D. 要求公司有关部门通报有关情况并提供相关资料

10. 职工监事可以依法行使的权利有（　）

A. 参加董事会会议，行使董事的发言权和表决权

B. 提议召开监事会会议

C. 监督公司的财务情况和公司董事、高级管理人员执行公司职务的行为

D. 监督检查劳动合同和集体合同的履行情况

E. 列席董事会会议，并对董事会决议事项提出质询或者建议

测试题参考答案

一、单选题

1. C	2. D	3. B	4. B
5. B	6. C	7. B	8. D
9. A	10. C	11. D	12. C
13. A	14. B	15. B	16. B
17. C	18. C	19. C	20. D
21. A	22. B	23. B	24. A
25. C	26. C	27. D	28. A
29. B	30. A	31. C	32. C
33. C	34. D	35. D	36. B
37. A	38. D	39. C	40. C

二、多选题

1. ABCD	2. BCD	3. ABCD	4. ABCD
5. ABCD	6. ABCD	7. ABCD	8. ABCD
9. ABD	10. BCDE		

FU LU

附　录

中华人民共和国工会法（摘录）

（1992年4月3日第七届全国人民代表大会第五次会议通过 根据2001年10月27日第九届全国人民代表大会常务委员会第二十四次会议《关于修改〈中华人民共和国工会法〉的决定》第一次修正 根据2009年8月27日第十一届全国人民代表大会常务委员会第十次会议《关于修改部分法律的决定》第二次修正 根据2021年12月24日第十三届全国人民代表大会常务委员会第三十二次会议《关于修改〈中华人民共和国工会法〉的决定》第三次修正）

第五条 工会组织和教育职工依照宪法和法律的规定行使民主权利，发挥国家主人翁的作用，通过各种途径和形式，参与管理国家事务、管理经济和文化事业、管理社会事务；协助人民政府开展工作，维护工人阶级领导的、以工农联盟为基础的人民民主专政的社会主义国家政权。

第六条 维护职工合法权益、竭诚服务职工群众是工会的基本职责。工会在维护全国人民总体利益的同时，代表和维护职工的合法权益。

工会通过平等协商和集体合同制度等，推动健全劳动关系协调机制，维护职工劳动权益，构建和谐劳动关系。

工会依照法律规定通过职工代表大会或者其他形式，组织职工参与本单位的民主选举、民主协商、民主决策、民主管理和民主监督。

工会建立联系广泛、服务职工的工会工作体系，密切联系职工，听取和反映职工的意见和要求，关心职工的生活，帮助职工解决困难，全心全意为职工服务。

第十九条 基层工会专职主席、副主席或者委员自任职之日起，其劳动合同期限自动延长，延长期限相当于其任职期间；非专职主席、副主席或者委员自任职之日起，其尚未履行的劳动合同期限短于任期的，劳动合同期限自动延长至任期期满。但是，任职期间个人严重过失或者达到法定退休年龄的除外。

第三章 工会的权利和义务

第二十条 企业、事业单位、社会组织违反职工代表大会制度和其他民主管理制度，工会有权要求纠正，保障职工依法行使民主管理的权利。

法律、法规规定应当提交职工大会或者职工代表大会审议、通过、决定的事项，企业、事业单位、社会组织应当依法办理。

第二十一条 工会帮助、指导职工与企业、实行企业化管理的事业单位、社会组织签订劳动合同。

工会代表职工与企业、实行企业化管理的事业单位、社会组织进行平等协商，依法签订集体合同。集体合同草案应当提交职工代表大会或者全体职工讨论通过。

工会签订集体合同，上级工会应当给予支持和帮助。

企业、事业单位、社会组织违反集体合同，侵犯职工劳动权益的，工会可以依法要求企业、事业单位、社会组织予以改正并承担责任；因履行集体合同发生争议，经协商解决不成的，工会可以向劳动争议仲裁机构提请仲裁，仲裁机构不予受理或者对仲裁裁决不服的，可以向人民法院提起诉讼。

第二十二条 企业、事业单位、社会组织处分职工，工会认为不适当的，有权提出意见。

用人单位单方面解除职工劳动合同时，应当事先将理由通知工会，工会认为用人单位违反法律、法规和有关合同，要求重新研究处理时，用人单位应当研究工会的意见，并将处理结果书面通知工会。

职工认为用人单位侵犯其劳动权益而申请劳动争议仲裁或者向人民法院提起诉讼的，工会应当给予支持和帮助。

第二十七条 职工因工伤亡事故和其他严重危害职工健康问题的调查处理，必须有工会参加。工会应当向有关部门提出处理意见，并有权要求追究直接负责的主管人员和有关责任人员的责任。对工会提出的意见，应当及时研究，给予答复。

第二十八条 企业、事业单位、社会组织发生停工、怠工事件，工会应当代表职工同企业、事业单位、社会组织或者有关方面协商，反映职工的意见和要求并提出解决意见。对于职工的合理要求，企业、事业单位、社会组织应当予以解决。工会协助企业、事业单位、社会组织做好工作，尽快恢复生产、工作秩序。

第三十条 县级以上各级总工会依法为所属工会和职工提供法律援助等法律服务。

第三十一条 工会协助用人单位办好职工集体福利事业，

做好工资、劳动安全卫生和社会保险工作。

第三十二条 工会会同用人单位加强对职工的思想政治引领，教育职工以国家主人翁态度对待劳动，爱护国家和单位的财产；组织职工开展群众性的合理化建议、技术革新、劳动和技能竞赛活动，进行业余文化技术学习和职工培训，参加职业教育和文化体育活动，推进职业安全健康教育和劳动保护工作。

第三十三条 根据政府委托，工会与有关部门共同做好劳动模范和先进生产（工作）者的评选、表彰、培养和管理工作。

第三十四条 国家机关在组织起草或者修改直接涉及职工切身利益的法律、法规、规章时，应当听取工会意见。

县级以上各级人民政府制定国民经济和社会发展计划，对涉及职工利益的重大问题，应当听取同级工会的意见。

县级以上各级人民政府及其有关部门研究制定劳动就业、工资、劳动安全卫生、社会保险等涉及职工切身利益的政策、措施时，应当吸收同级工会参加研究，听取工会意见。

第三十五条 县级以上地方各级人民政府可以召开会议或者采取适当方式，向同级工会通报政府的重要的工作部署和与工会工作有关的行政措施，研究解决工会反映的职工群众的意见和要求。

各级人民政府劳动行政部门应当会同同级工会和企业方面代表，建立劳动关系三方协商机制，共同研究解决劳动关系方面的重大问题。

第四章　基层工会组织

第三十六条 国有企业职工代表大会是企业实行民主管理

的基本形式，是职工行使民主管理权力的机构，依照法律规定行使职权。

国有企业的工会委员会是职工代表大会的工作机构，负责职工代表大会的日常工作，检查、督促职工代表大会决议的执行。

第三十七条 集体企业的工会委员会，应当支持和组织职工参加民主管理和民主监督，维护职工选举和罢免管理人员、决定经营管理的重大问题的权力。

第三十八条 本法第三十六条、第三十七条规定以外的其他企业、事业单位的工会委员会，依照法律规定组织职工采取与企业、事业单位相适应的形式，参与企业、事业单位民主管理。

第三十九条 企业、事业单位、社会组织研究经营管理和发展的重大问题应当听取工会的意见；召开会议讨论有关工资、福利、劳动安全卫生、工作时间、休息休假、女职工保护和社会保险等涉及职工切身利益的问题，必须有工会代表参加。

企业、事业单位、社会组织应当支持工会依法开展工作，工会应当支持企业、事业单位、社会组织依法行使经营管理权。

中华人民共和国公司法（摘录）

（1993 年 12 月 29 日第八届全国人民代表大会常务委员会第五次会议通过　根据 1999 年 12 月 25 日第九届全国人民代表

大会常务委员会第十三次会议《关于修改〈中华人民共和国公司法〉的决定》第一次修正　根据2004年8月28日第十届全国人民代表大会常务委员会第十一次会议《关于修改〈中华人民共和国公司法〉的决定》第二次修正　根据2005年10月27日第十届全国人民代表大会常务委员会第十八次会议修订　根据2013年12月28日第十二届全国人民代表大会常务委员会第六次会议《关于修改〈中华人民共和国海洋环境保护法〉等七部法律的决定》第三次修正　根据2018年10月26日第十三届全国人民代表大会常务委员会第六次会议《关于修改〈中华人民共和国公司法〉的决定》第四次修正）

第十八条　公司职工依照《中华人民共和国工会法》组织工会，开展工会活动，维护职工合法权益。公司应当为本公司工会提供必要的活动条件。公司工会代表职工就职工的劳动报酬、工作时间、福利、保险和劳动安全卫生等事项依法与公司签订集体合同。

公司依照宪法和有关法律的规定，通过职工代表大会或者其他形式，实行民主管理。

公司研究决定改制以及经营方面的重大问题、制定重要的规章制度时，应当听取公司工会的意见，并通过职工代表大会或者其他形式听取职工的意见和建议。

第四十四条　有限责任公司设董事会，其成员为三人至十三人；但是，本法第五十条另有规定的除外。

两个以上的国有企业或者两个以上的其他国有投资主体投

资设立的有限责任公司，其董事会成员中应当有公司职工代表；其他有限责任公司董事会成员中可以有公司职工代表。董事会中的职工代表由公司职工通过职工代表大会、职工大会或者其他形式民主选举产生。

董事会设董事长一人，可以设副董事长。董事长、副董事长的产生办法由公司章程规定。

第五十一条 有限责任公司设监事会，其成员不得少于三人。股东人数较少或者规模较小的有限责任公司，可以设一至二名监事，不设监事会。

监事会应当包括股东代表和适当比例的公司职工代表，其中职工代表的比例不得低于三分之一，具体比例由公司章程规定。监事会中的职工代表由公司职工通过职工代表大会、职工大会或者其他形式民主选举产生。

监事会设主席一人，由全体监事过半数选举产生。监事会主席召集和主持监事会会议；监事会主席不能履行职务或者不履行职务的，由半数以上监事共同推举一名监事召集和主持监事会会议。

董事、高级管理人员不得兼任监事。

第六十七条 国有独资公司设董事会，依照本法第四十六条、第六十六条的规定行使职权。董事每届任期不得超过三年。董事会成员中应当有公司职工代表。

董事会成员由国有资产监督管理机构委派；但是，董事会成员中的职工代表由公司职工代表大会选举产生。

董事会设董事长一人，可以设副董事长。董事长、副董事长由国有资产监督管理机构从董事会成员中指定。

第七十条 国有独资公司监事会成员不得少于五人，其中职工代表的比例不得低于三分之一，具体比例由公司章程规定。

监事会成员由国有资产监督管理机构委派；但是，监事会成员中的职工代表由公司职工代表大会选举产生。监事会主席由国有资产监督管理机构从监事会成员中指定。

监事会行使本法第五十三条第（一）项至第（三）项规定的职权和国务院规定的其他职权。

第一百零八条 股份有限公司设董事会，其成员为五人至十九人。

董事会成员中可以有公司职工代表。董事会中的职工代表由公司职工通过职工代表大会、职工大会或者其他形式民主选举产生。

本法第四十五条关于有限责任公司董事任期的规定，适用于股份有限公司董事。

本法第四十六条关于有限责任公司董事会职权的规定，适用于股份有限公司董事会。

第一百一十七条 股份有限公司设监事会，其成员不得少于三人。

监事会应当包括股东代表和适当比例的公司职工代表，其中职工代表的比例不得低于三分之一，具体比例由公司章程规定。监事会中的职工代表由公司职工通过职工代表大会、职工大会或者其他形式民主选举产生。

监事会设主席一人，可以设副主席。监事会主席和副主席由全体监事过半数选举产生。监事会主席召集和主持监事会会议；监事会主席不能履行职务或者不履行职务的，由监事会副主席召集和主持监事会会议；监事会副主席不能履行职务或者不履行职务的，由半数以上监事共同推举一名监事召集和主持监事会会议。

董事、高级管理人员不得兼任监事。

本法第五十二条关于有限责任公司监事任期的规定，适用于股份有限公司监事。

全民所有制工业企业职工代表大会条例

（1986 年 9 月 15 日中共中央、国务院发布）

第一章　总　则

第一条　为保障全民所有制工业企业职工的民主管理权力，充分发挥职工的积极性、智慧和创造力，办好全民所有制工业企业，发展社会主义经济，特制定本条例。

第二条　企业在实行厂长负责制的同时，必须建立和健全职工代表大会（或职工大会，下同）制度和其他民主管理制度，保障与发挥工会组织和职工代表在审议企业重大决策、监督行政领导、维护职工合法权益等方面的权力和作用。

第三条　职工代表大会是企业实行民主管理的基本形式，

是职工行使民主管理权力的机构。

企业工会委员会是职工代表大会的工作机构，负责职工代表大会的日常工作。

第四条 职工代表大会接受企业党的基层委员会（含不设基层委员会的党总支部委员会、支部委员会，以下简称党委）的思想政治领导，贯彻执行党和国家的方针、政策，正确处理国家、企业和职工三者利益关系，在法律规定的范围内行使职权。

第五条 职工代表大会应当积极支持厂长行使经营管理决策和统一指挥生产活动的职权。

第六条 职工代表大会实行民主集中制。

第二章 职 权

第七条 职工代表大会行使下列职权：

一、定期听取厂长的工作报告，审议企业的经营方针、长远和年度计划、重大技术改造和技术引进计划、职工培训计划、财务预决算、自有资金分配和使用方案，提出意见和建议，并就上述方案的实施作出决议；

二、审议通过厂长提出的企业的经济责任制方案、工资调整计划、奖金分配方案、劳动保护措施方案、奖惩办法及其他重要的规章制度；

三、审议决定职工福利基金使用方案、职工住宅分配方案及其他有关职工生活福利的重大事项；

四、评议、监督企业各级领导干部，并提出奖惩和任免的建议。

对工作卓有成效的干部，可以建议给予奖励，包括晋级、提职。对不称职的干部，可以建议免职或降职。

对工作不负责任或者以权谋私，造成严重后果的干部，可以建议给予处分，直至撤职。

五、主管机关任命或者免除企业行政领导人员的职务时，必须充分考虑职工代表大会的意见。职工代表大会根据主管机关的部署，可以民主推荐厂长人选，也可以民主选举厂长，报主管机关审批。

第八条　职工代表大会对厂长在其职权范围内决定的问题有不同意见时，可以向厂长提出建议，也可以报告上级工会。

第九条　在职工代表大会上，可以由厂长代表行政、工会主席代表职工签订集体合同或共同协议，为企业发展的共同目标，互相承担义务，保证贯彻执行。

第三章　职工代表

第十条　按照法律规定享有政治权利的企业职工，均可当选为职工代表。

第十一条　职工代表的产生，应当以班组或者工段为单位，由职工直接选举。大型企业的职工代表，也可以由分厂或者车间的职工代表相互推选产生。

第十二条　职工代表中应当有工人、技术人员、管理人员、领导干部和其他方面的职工。其中企业和车间、科室行政领导干部一般为职工代表总数的五分之一。青年职工和女职工应当占适当的比例。

为了吸收有经验的技术人员、经营管理人员参加职工代表大会，可以在企业或者车间范围内，经过民主协商，推选一部分代表。

职工代表按分厂、车间、科室（或若干科室）组成代表团（组），推选团（组）长。

第十三条 职工代表实行常任制，每两年改选一次，可以连选连任。

职工代表对选举单位的职工负责。选举单位的职工有权监督或者撤换本单位的职工代表。

第十四条 职工代表的权利：

一、在职工代表大会上，有选举权、被选举权和表决权；

二、有权参加职工代表大会及其工作机构对企业执行职工代表大会决议和提案落实情况的检查，有权参加对企业行政领导人员的质询；

三、因参加职工代表大会组织的各项活动而占用生产或者工作时间，有权按照正常出勤享受应得的待遇。

对职工代表行使民主权利，任何组织和个人不得压制、阻挠和打击报复。

第十五条 职工代表的义务：

一、努力学习党和国家的方针、政策、法律、法规，不断提高政治觉悟、技术业务水平和参加管理的能力；

二、密切联系群众，代表职工合法利益，如实反映职工群众的意见和要求，认真执行职工代表大会的决议，做好职工代表大会交办的各项工作；

三、模范遵守国家法律、法规和企业规章制度、劳动纪律，做好本职工作。

第四章 组织制度

第十六条 职工代表大会选举主席团主持会议。主席团成员应有工人、技术人员、管理人员和企业的领导干部。其中工人、技术人员、管理人员应超过半数。

第十七条 参加企业管理委员会的职工代表，由职工代表大会推选产生。

参加企业管理委员会的职工代表要向职工代表大会汇报工作，接受职工代表大会监督。职工代表大会有权撤换参加管理委员会的职工代表。

第十八条 职工代表大会至少每半年召开一次。每次会议必须有三分之二以上的职工代表出席。

遇有重大事项，经厂长、企业工会或三分之一以上职工代表的提议，可召开临时会议。

职工代表大会进行选举和作出决议，必须经全体职工代表过半数通过。

第十九条 职工代表大会应当围绕增强企业活力、促进技术进步、提高经济效益，针对企业经营管理、分配制度和职工生活等方面的重要问题确定议题。

第二十条 职工代表大会在其职权范围内决定的事项，非经职工代表大会同意不得修改。

第二十一条 职工代表大会可根据需要，设立若干精干的临时的或经常性的专门小组（或专门委员会，下同），完成职工代表大会交办的有关事项。其主要工作是：审议提交职工代表大会的有关议案；在职工代表大会闭会期间，根据职工代表大会的授权，审定属本专门小组分工范围内需要临时决定的问题，并向职工代表大会报告予以确认；检查、督促有关部门贯彻执行职工代表大会决议和职工提案的处理；办理职工代表大会交办的其他事项。

专门小组进行活动需要占用生产或者工作时间，有权按照正常出勤享受应得的待遇，但需经厂长同意。各专门小组的人选，一般在职工代表中提名；也可以聘请非职工代表，但必须经职工代表大会通过。

各专门小组对职工代表大会负责。

第二十二条 职工代表大会闭会期间，需要临时解决的重要问题，由企业工会委员会召集职工代表团（组）长和专门小组负责人联席会议，协商处理，并向下一次职工代表大会报告予以确认。

联席会议可以根据会议内容邀请企业党政负责人或其他有关人员参加。

第五章 职工代表大会与工会

第二十三条 企业工会委员会作为职工代表大会的工作机构承担下列工作：

一、组织职工选举职工代表；

二、提出职工代表大会议题的建议，主持职工代表大会的筹备工作和会议的组织工作；

三、主持职工代表团（组）长、专门小组负责人联席会议；

四、组织专门小组进行调查研究，向职工代表大会提出建议，检查督促大会决议的执行情况，发动职工落实职工代表大会决议；

五、向职工进行民主管理的宣传教育，组织职工代表学习政策、业务和管理知识，提高职工代表素质；

六、接受和处理职工代表的申诉和建议，维护职工代表的合法权益；

七、组织企业民主管理的其他工作。

第二十四条　上级工会有指导、支持和维护职工代表大会正确行使职权的责任。

第六章　车间、班组的民主管理

第二十五条　车间（分厂）可以根据具体情况，采取职工大会或职工代表大会、职工代表组等形式，对本单位权限范围内的事务行使民主管理的权力。

车间（分厂）民主管理的日常工作，由车间（分厂）工会委员会主持。

第二十六条　班组的民主管理，由职工直接参加，在本班组的工会组长和职工代表的主持下开展活动，也可以根据需要推选若干民主管理员，负责班组的日常民主管理。

第七章　附　则

第二十七条　本条例原则上适用于全民所有制交通运输、邮电、地质、建筑施工、农林、水利等企业。

第二十八条　本条例由中华全国总工会负责解释。

第二十九条　本条例自一九八六年十月一日起施行。

企业民主管理规定

（总工发〔2012〕12号　2012年2月13日）

第一章　总　则

第一条　为完善以职工代表大会为基本形式的企业民主管理制度，推进厂务公开，支持职工参与企业管理，维护职工合法权益，构建和谐劳动关系，促进企业持续健康发展，加强基层民主政治建设，依据宪法和相关法律制定本规定。

第二条　企业民主管理工作应当坚持党的领导，以邓小平理论和“三个代表”重要思想为指导，深入贯彻落实科学发展观，坚定不移地贯彻落实党的全心全意依靠工人阶级的根本指导方针。

企业党组织应当加强对民主管理工作的领导和支持。

第三条　职工代表大会（或职工大会，下同）是职工行使民主管理权力的机构，是企业民主管理的基本形式。

企业应当按照合法、有序、公开、公正的原则，建立以职工代表大会为基本形式的民主管理制度，实行厂务公开，推行民主管理。公司制企业（以下简称公司）应当依法建立职工董事、职工监事制度。

企业应当尊重和保障职工依法享有的知情权、参与权、表达权和监督权等民主权利，支持职工参加企业管理活动。

第四条　企业职工应当尊重和支持企业依法行使管理职权，积极参与企业管理。

第五条　企业工会应当组织职工依法开展企业民主管理，维护职工合法权益。

上级工会应当指导和帮助企业工会和职工依法开展企业民主管理活动，对企业实行民主管理的情况进行监督。

第六条　企业代表组织应当推动企业实行民主管理，促进企业健康发展。

第七条　各级党委纪检部门、组织部门，各级人民政府国有资产监督管理机构和监察机关等有关部门应当依照各自职责，对企业民主管理工作进行指导、检查和监督。

第二章　职工代表大会制度

第一节　职工代表大会组织制度和职权

第八条　企业可以根据职工人数确定召开职工代表大会或者职工大会。

企业召开职工代表大会的，职工代表人数按照不少于全体职工人数的百分之五确定，最少不少于三十人。职工代表人数超过一百人的，超出的代表人数可以由企业与工会协商确定。

第九条 职工代表大会的代表由工人、技术人员、管理人员、企业领导人员和其他方面的职工组成。其中，企业中层以上管理人员和领导人员一般不得超过职工代表总人数的百分之二十。有女职工和劳务派遣职工的企业，职工代表中应当有适当比例的女职工和劳务派遣职工代表。

第十条 职工代表大会每届任期为三年至五年。具体任期由职工代表大会根据本单位的实际情况确定。

职工代表大会因故需要提前或者延期换届的，应当由职工代表大会或者其授权的机构决定。

第十一条 职工代表大会根据需要，可以设立若干专门委员会（小组），负责办理职工代表大会交办的事项。专门委员会（小组）成员人选必须经职工代表大会审议通过。

第十二条 职工代表按照基层选举单位组成代表团（组），并推选团（组）长。可以设立职工代表大会团（组）长和专门委员会（小组）负责人联席会议，根据职工代表大会授权，在职工代表大会闭会期间负责处理临时需要解决的重要问题，并提请下一次职工代表大会确认。

联席会议由企业工会负责召集，联席会议可以根据会议内容邀请企业领导人员或其他有关人员参加。

第十三条 职工代表大会行使下列职权：

（一）听取企业主要负责人关于企业发展规划、年度生产经营管理情况，企业改革和制定重要规章制度情况，企业用工、劳动合同和集体合同签订履行情况，企业安全生产情况，企业缴纳社会保险费和住房公积金情况等报告，提出意见和建议；

审议企业制定、修改或者决定的有关劳动报酬、工作时间、休息休假、劳动安全卫生、保险福利、职工培训、劳动纪律以及劳动定额管理等直接涉及劳动者切身利益的规章制度或者重大事项方案，提出意见和建议；

（二）审议通过集体合同草案，按照国家有关规定提取的职工福利基金使用方案、住房公积金和社会保险费缴纳比例和时间的调整方案，劳动模范的推荐人选等重大事项；

（三）选举或者罢免职工董事、职工监事，选举依法进入破产程序企业的债权人会议和债权人委员会中的职工代表，根据授权推荐或者选举企业经营管理人员；

（四）审查监督企业执行劳动法律法规和劳动规章制度情况，民主评议企业领导人员，并提出奖惩建议；

（五）法律法规规定的其他职权。

第十四条 国有企业和国有控股企业职工代表大会除按第十三条规定行使职权外，行使下列职权：

（一）听取和审议企业经营管理主要负责人关于企业投资和重大技术改造、财务预决算、企业业务招待费使用等情况的报告，专业技术职称的评聘、企业公积金的使用、企业的改制等方案，并提出意见和建议；

（二）审议通过企业合并、分立、改制、解散、破产实施方案中职工的裁减、分流和安置方案；

（三）依照法律、行政法规、行政规章规定的其他职权。

第十五条 县级以下一定区域内或者性质相近的行业内的若干尚不具备单独建立职工代表大会制度条件的中小企业，可以通过选举代表联合建立区域（行业）职工代表大会制度，开展企业民主管理活动。

工会负责组织建立区域（行业）职工代表大会制度。区域（行业）工会作为区域（行业）职工代表大会的工作机构承担日常工作。

第十六条 集团企业的总部机关和各分公司、分厂、车间以及其他分支机构可以按照一定比例选举产生职工代表，召开集团企业职工代表大会，实行企业民主管理。

集团企业的总部机关和各分公司、分厂、车间以及其他分支机构，按照本规定建立职工代表大会制度，在各自的职权范围内分别开展民主管理活动。

第二节 职工代表大会工作制度

第十七条 职工代表大会每年至少召开一次。职工代表大会全体会议必须有三分之二以上的职工代表出席。

第十八条 职工代表大会议题和议案应当由企业工会听取职工意见后与企业协商确定，并在会议召开七日前以书面形式送达职工代表。

第十九条 职工代表大会可以设主席团主持会议。主席团成员由企业工会与职工代表大会各团（组）协商提出候选人名单，经职工代表大会预备会议表决通过。其中，工人、技术人员、管理人员不少于百分之五十。

第二十条 职工代表大会选举和表决相关事项，必须按照少数服从多数的原则，经全体职工代表的过半数通过。对重要事项的表决，应当采用无记名投票的方式分项表决。

第二十一条 职工代表大会在其职权范围内依法审议通过的决议和事项具有约束力，非经职工代表大会同意不得变更或撤销。

企业应当提请职工代表大会审议、通过、决定的事项，未按照法定程序审议、通过或者决定的无效。

第二十二条 企业工会委员会是职工代表大会的工作机构，负责职工代表大会的日常工作，履行下列职责：

（一）提出职工代表大会代表选举方案，组织职工选举职工代表和代表团（组）长；

（二）征集职工代表提案，提出职工代表大会议题的建议；

（三）负责职工代表大会会议的筹备和组织工作，提出职工代表大会的议程建议；

（四）提出职工代表大会主席团组成方案和组成人员建议名单；提出专门委员会（小组）的设立方案和组成人员建议名单；

（五）向职工代表大会报告职工代表大会决议的执行情况和职工代表大会提案的办理情况、厂务公开的实行情况等；

（六）在职工代表大会闭会期间，负责组织专门委员会（小组）和职工代表就企业职工代表大会决议的执行情况和职工代表大会提案的办理情况、厂务公开的实行情况等，开展巡视、检查、质询等监督活动；

（七）受理职工代表的申诉和建议，维护职工代表的合法权益；

（八）向职工进行民主管理的宣传教育，组织职工代表开展学习和培训，提高职工代表素质；

（九）建立和管理职工代表大会工作档案。

第三节　职工代表的产生和权利义务

第二十三条　与企业签订劳动合同建立劳动关系以及与企业存在事实劳动关系的职工，有选举和被选举为职工代表大会代表的权利。

依法终止或者解除劳动关系的职工代表，其代表资格自行终止。

第二十四条　职工代表应当以班组、工段、车间、科室等为基本选举单位由职工直接选举产生。规模较大、管理层次较多的企业的职工代表，可以由下一级职工代表大会代表选举产生。

第二十五条　选举、罢免职工代表，应当召开选举单位全体职工会议，会议应有三分之二以上职工参加。选举、罢免职工代表的决定，应经全体职工的过半数通过方为有效。

第二十六条　职工代表实行常任制，职工代表任期与职工代表大会届期一致，可以连选连任。

职工代表出现缺额时，原选举单位应按规定的条件和程序及时补选。

第二十七条　职工代表向选举单位的职工负责并报告工作，接受选举单位职工的监督。

第二十八条　职工代表享有下列权利：

（一）选举权、被选举权和表决权；

（二）参加职工代表大会及其工作机构组织的民主管理活动；

（三）对企业领导人员进行评议和质询；

（四）在职工代表大会闭会期间对企业执行职工代表大会决议情况进行监督、检查。

第二十九条　职工代表应当履行下列义务：

（一）遵守法律法规、企业规章制度，提高自身素质，积极参与企业民主管理；

（二）依法履行职工代表职责，听取职工对企业生产经营管理等方面的意见和建议，以及涉及职工切身利益问题的意见和要求，并客观真实地向企业反映；

（三）参加企业职工代表大会组织的各项活动，执行职工代表大会通过的决议，完成职工代表大会交办的工作；

（四）向选举单位的职工报告参加职工代表大会活动和履行职责情况，接受职工的评议和监督；

（五）保守企业的商业秘密和与知识产权相关的保密事项。

第三十条　职工代表履行职责受法律保护，任何组织和个人不得阻挠和打击报复。

职工代表在法定工作时间内依法参加职工代表大会及其组织的各项活动，企业应当正常支付劳动报酬，不得降低其工资和其他福利待遇。

第三章　厂务公开制度

第三十一条　企业应当建立和实行厂务公开制度，通过职工代表大会和其他形式，将企业生产经营管理的重大事项、涉及职工切身利益的规章制度和经营管理人员廉洁从业相关情况，按照一定程序向职工公开，听取职工意见，接受职工监督。

第三十二条 企业主要负责人是实行厂务公开的责任人。企业应当建立相应机构或者确定专人负责厂务公开工作。

第三十三条 企业实行厂务公开应当遵循合法、及时、真实、有利于职工权益维护和企业发展的原则。

实行厂务公开应当保守企业商业秘密以及与知识产权相关的保密事项。

第三十四条 企业应当向职工公开下列事项：

（一）经营管理的基本情况；

（二）招用职工及签订劳动合同的情况；

（三）集体合同文本和劳动规章制度的内容；

（四）奖励处罚职工、单方解除劳动合同的情况以及裁员的方案和结果，评选劳动模范和优秀职工的条件、名额和结果；

（五）劳动安全卫生标准、安全事故发生情况及处理结果；

（六）社会保险以及企业年金的缴费情况；

（七）职工教育经费提取、使用和职工培训计划及执行的情况；

（八）劳动争议及处理结果情况；

（九）法律法规规定的其他事项。

第三十五条 国有企业、集体企业及其控股企业除公开第十三条、第十四条和第三十四条规定的相关事项外，还应当公开下列事项：

（一）投资和生产经营管理重大决策方案等重大事项，企业中长期发展规划；

（二）年度生产经营目标及完成情况，企业担保，大额资金使用、大额资产处置情况，工程建设项目的招投标，大宗物资采购供应，产品销售和盈亏情况，承包租赁合同履行情况，内部经济责任制落实情况，重要规章制度制定等重大事项；

（三）职工提薪晋级、工资奖金收入分配情况；专业技术职称的评聘情况；

（四）中层领导人员、重要岗位人员的选聘和任用情况，企业领导人员薪酬、职务消费和兼职情况，以及出国出境费用支出等廉洁自律规定执行情况，职工代表大会民主评议企业领导人员的结果；

（五）依照国家有关规定应当公开的其他事项。

第四章　职工董事和职工监事制度

第三十六条　公司制企业应当依法建立职工董事和职工监事制度，支持职工代表大会选举产生的职工代表作为董事会、监事会成员参与公司决策、管理和监督，代表和维护职工合法权益，促进企业健康发展。

第三十七条　公司应当依法在公司章程中明确规定职工董事、职工监事的具体比例和人数。

第三十八条　职工董事、职工监事候选人由公司工会根据自荐、推荐情况，在充分听取职工意见的基础上提名，经职工代表大会全体代表的过半数通过方可当选，并报上一级工会组织备案。

工会主席、副主席应当作为职工董事、职工监事候选人人选。

第三十九条 公司高级管理人员和监事不得兼任职工董事；公司高级管理人员和董事不得兼任职工监事。

第四十条 职工董事、职工监事的任期与公司其他董事、监事的任期相同，可以连选连任。

第四十一条 职工董事、职工监事不履行职责或者有严重过错的，经三分之一以上的职工代表联名提议，职工代表大会全体代表的过半数通过可以罢免。

职工董事、职工监事出现空缺时，由公司工会依照本规定第三十八条的规定提出替补人选，提请职工代表大会民主选举产生。

第四十二条 职工董事依法行使下列权利：

（一）参加董事会会议，行使董事的发言权和表决权；（二）就涉及职工切身利益的规章制度或者重大事项，提请召开董事会会议，反映职工的合理要求，维护职工合法权益；

（三）列席与其职责相关的公司行政办公会议和有关生产经营工作的重要会议；

（四）要求公司工会、公司有关部门和机构通报有关情况并提供相关资料；

（五）法律法规和公司章程规定的其他权利。

第四十三条 职工监事依法行使下列权利：

（一）参加监事会会议，行使监事的发言权和表决权；

（二）就涉及职工切身利益的规章制度或者重大事项，提议召开监事会会议；

（三）监督公司的财务情况和公司董事、高级管理人员执行公司职务的行为；监督检查公司对涉及职工切身利益的法律法规、公司规章制度贯彻执行情况；劳动合同和集体合同的履行情况；

（四）列席董事会会议，并对董事会决议事项提出质询或者建议；列席与其职责相关的公司行政办公会议和有关生产经营工作的重要会议；

（五）要求公司工会、公司有关部门和机构通报有关情况并提供相关资料；

（六）法律法规和公司章程规定的其他权利。

第四十四条　职工董事、职工监事应当履行下列义务：

（一）遵守法律法规，遵守公司章程及各项规章制度，保守公司秘密，认真履行职责；

（二）定期听取职工的意见和建议，在董事会、监事会上真实、准确、全面地反映职工的意见和建议；

（三）定期向职工代表大会述职和报告工作，执行职工代表大会的有关决议，在董事会、监事会会议上，对职工代表大会作出决议的事项，应当按照职工代表大会的相关决议发表意见，行使表决权；

（四）法律法规和公司章程规定的其他义务。

第四十五条　公司应当保障职工董事、职工监事依照法律法规和公司章程开展工作，为职工董事、职工监事履行职责提供必要的工作条件。

第四十六条 职工董事、职工监事在任职期间，除法定情形外，公司不得与其解除劳动合同。

第四十七条 职工董事、职工监事与公司的其他董事、监事享有同等的权利，承担相应的义务。

第五章 附 则

第四十八条 各地区、各有关部门和各企业根据本规定制定实施办法，推进企业民主管理工作。

第四十九条 集体企业依照《城镇集体所有制企业条例》等有关法律法规规定实行民主管理。

第五十条 本规定自发布之日起施行。

中共中央办公厅 国务院办公厅关于在国有企业、集体企业及其控股企业深入实行厂务公开制度的通知

（中办发〔2002〕13号 2002年6月3日）

各省、自治区、直辖市党委和人民政府，中央和国家机关各部委，军委总政治部，各人民团体：

党的十五大以来，不少地方和企业在推行厂务公开方面积

极实践，取得了明显成效和成功经验。为了更好地扩大基层民主、保证人民群众直接行使民主权利，实践江泽民同志“三个代表”重要思想，落实全心全意依靠工人阶级的指导方针，巩固、深化和规范厂务公开工作，促进企业的改革、发展和稳定，经党中央、国务院领导同志同意，现就在全国国有企业、集体企业及其控股企业深入实行厂务公开制度的有关问题通知如下：

一、厂务公开的重要意义、指导原则和总体要求

广大职工依照有关法律和规定参与企业的民主决策、民主管理、民主监督，是我国企业管理的重要特色和优势。党的十五大特别是十五届四中全会以来，一批企业通过实行厂务公开，加强了企业的管理和改革，完善了职工代表大会制度，促进了基层民主政治建设，提高了企业经济效益。实践证明，实行厂务公开是实践“三个代表”重要思想的具体体现，是进一步落实党的全心全意依靠工人阶级指导方针的有效途径；是加强企业管理，建立现代企业制度，依靠职工办好企业的内在要求；是搞好群众监督，促进党风廉政建设，加强企业党组织建设、领导班子建设的有力手段。实行厂务公开，对于推进基层民主政治建设，保障和落实职工当家作主的民主权利；维护职工合法权益，建立企业稳定协调的劳动关系；密切党与企业职工群众的关系，巩固党的阶级基础和执政地位；保护、调动和发挥广大职工的主人翁积极性，增强其责任感，促进企业的改革、发展和稳定，具有重要的意义和作用。

实行厂务公开的指导原则是：

——必须坚持以邓小平理论为指导，按照“三个代表”的要求，认真贯彻党的十五大和十五届四中、五中、六中全会精神，坚定不移地贯彻落实党的全心全意依靠工人阶级的指导方针。

——必须遵循国家法律、法规和党的方针政策，实事求是、注重实效、有利于改革发展稳定和保护商业秘密。

——必须坚持党委统一领导，党政共同负责，有关方面齐抓共管，动员职工广泛参与。

——必须与企业党的建设、领导班子建设、职工队伍建设结合起来，与建立现代企业制度结合起来。

实行厂务公开的总体要求是：

1. 国有企业、集体企业及其控股的企业都要实行厂务公开。目前还没有实行的单位应尽快实行；已经实行的，要进一步深化，逐步使其内容、程序、形式规范化、制度化。特别是生产经营困难的企业更应当实行厂务公开，动员和依靠职工群众与经营者共同把企业搞好。

2. 在厂务公开工作中，要切实做好企业领导人员和职工的思想工作。企业领导人员要提高认识，自觉地把厂务公开摆到重要工作位置，纳入现代企业管理的体制、机制和制度之中。要鼓励职工积极参与厂务公开活动，支持和监督企业经营者依法行使职权，认真行使当家做主的民主权利。要加强对职工代表的培训，不断提高他们参与民主决策、民主管理和民主监督的意识和能力。

3. 在厂务公开工作中，必须坚决防止和克服形式主义，保证公开的真实性，务求工作实效。要切实做到企业重大决策必须通过厂务公开听取职工意见，并提交职代会审议，未经职代会审议的不应实施；涉及职工切身利益的重大事项，更应向职工公开，职代会按照法律法规规定具有决定权和否决权，既未公开又未经职代会通过的有关决定视为无效；在国有和国有控股企业，经职代会民主评议和民主测评，大多数职工不拥护的企业领导人员，其上级管理部门应采取相应的组织措施；企业领导人员违反职代会决议和厂务公开的有关规定，导致矛盾激化，影响企业和社会稳定的，要实行责任追究。

二、厂务公开的主要内容

1. 企业重大决策问题。主要包括企业中长期发展规划，投资和生产经营重大决策方案，企业改革、改制方案，兼并、破产方案，重大技术改造方案，职工裁员、分流、安置方案等重大事项。

2. 企业生产经营管理方面的重要问题。主要包括年度生产经营目标及完成情况，财务预决算，企业担保，大额资金使用，工程建设项目的招投标，大宗物资采购供应，产品销售和盈亏情况，承包租赁合同执行情况，企业内部经济责任制落实情况，重要规章制度的制定等。

3. 涉及职工切身利益方面的问题。主要包括劳动法律法规的执行情况，集体合同、劳动合同的签订和履行，职工提薪晋级、工资奖金分配、奖罚与福利，职工养老、医疗、工伤、失业、生育等社会保障基金缴纳情况，职工招聘，专业技术职称的评聘，评优选先的条件、数量和结果，职工购房、售房的政策和住房公积金管理以及企业公积金和公益金的使用方案，安全生产和劳动保护措施，职工培训计划等。

4. 与企业领导班子建设和党风廉政建设密切相关的问题。主要包括民主评议企业领导人员情况，企业中层领导人员、重要岗位人员的选聘和任用情况，干部廉洁自律规定执行情况，企业业务招待费使用情况，企业领导人员工资（年薪）、奖金、兼职、补贴、住房、用车、通信工具使用情况，以及出国出境费用支出情况等。

厂务公开的内容应根据企业的实际情况有所侧重。既要公开有关政策依据和本单位的有关规定，又要公开具体内容、标准和承办部门；既要公开办事结果，又要公开办事程序；既要公开职工的意见和建议，又要公开职工意见和建议的处理情况，使厂务公开始终在职工的广泛参与和监督下进行。要密切结合企业改革和发展的实际，及时引导厂务公开不断向企业生产经营管理的深度和广度延伸，推动企业不断健全和完善管理制度、党风廉政建设制度和职工民主管理制度。

三、厂务公开的实现形式

厂务公开的主要载体是职工代表大会。要按照有关规定，认真落实职代会的各项职权。要通过实行厂务公开，进一步完善职代会民主评议企业领导人员制度，坚持集体合同草案提交职代会讨论通过，企业业务招待费使用情况、企业领导人员廉洁自律情况、集体合同履行情况等企业重要事项向职代会报告制度，国有及国有控股的公司制企业由职代会选举职工董事、职工监事制度等，不断充实和丰富职代会的内容，提高职代会的质量和实效，落实好职工群众的知情权、审议权、通过权、决定权和评议监督权，建立符合现代企业制度要求的民主管理制度。

在职代会闭会期间，要发挥职工代表团（组）长联席会议的作用。车间、班组的内部事务也要实行公开。应依照厂务公开的规定，制订车间、班组内部事务公开的实施办法。

厂务公开的日常形式还应包括厂务公开栏、厂情发布会、党政工联席会和企业内部信息网络、广播、电视、厂报、墙报等，并可根据实际情况不断创新。同时，在公开后应注意通过意见箱、接待日、职工座谈会、举报电话等形式，了解职工的反映，不断改进工作。

四、厂务公开的组织领导

各级党委、政府及有关部门和工会组织，要充分认识实行厂务公开的重要意义，切实把这项工作摆上重要议事日程，明确目标，落实责任，有组织、有计划、有步骤地推动厂务公开工作深入健康发展。各级纪检监察机关要加强对推行厂务公开工作的监督检查，对在厂务公开中暴露出来的违法违纪问题要严肃查处。各级党委组织部门要把推行厂务公开作为企业党建工作的重要内容，将实施情况作为考核企业领导班子和领导人员的重要依据，并与奖惩任免挂钩。各级经贸委要把推行厂务公开与加强企业管理和建立现代企业制度有机结合起来，切实加以推进。各级地方工会要积极主动地承担起推行厂务公开的日常工作，并以此促进企业民主管理和工会工作。

企业实行厂务公开要在企业党委领导下进行。企业行政是实行厂务公开的主体。企业要建立由党委、行政、纪委、工会负责人组成的厂务公开领导小组，负责制定厂务公开的实施意见，审定重大公开事项，指导协调有关部门研究解决实施中的问题，做好督导考核工作，建立责任制和责任追究制度。企业工会是厂务公开领导小组的工作机构，负责日常工作。

企业应成立由纪检、工会有关人员和职工代表组成的监督小组，负责监督检查厂务公开内容是否真实、全面，公开是否及时，程序是否符合规定，职工反映的意见是否得到落实，并组织职工对厂务公开工作进行评议和监督。要制定厂务公开的监督检查办法，形成制约和激励机制。

国有、集体及其控股企业以外的其他企业，可依照法律规定，采取与本单位相适应的形式实行厂务公开，推进民主管理工作。

本通知原则上适用于教育、科技、文化、卫生、体育等事业单位。

各地区、各单位要根据本通知的要求，结合各自的实际情况，制定具体的实施意见和办法。

教育部 中华全国总工会关于全面推进校务公开工作的意见

（教监〔2002〕1号 2002年2月6日）

各省、自治区、直辖市党委教育工作部门、教育厅（教委）、总工会，部属各高等学校：

在党的十五大精神指引下，在各级党委的领导下，全国各级各类学校的校务公开工作普遍展开，有力地推动了教育的改革和发展。为了进一步加强领导，全面推进校务公开工作，特提出如下意见：

一、充分认识全面推进校务公开工作的重要意义

全面推进校务公开，是贯彻落实江泽民同志“三个代表”重要思想和党的十五届六中全会精神，推进依法治国和社会主义民主政治建设的必然要求；是在学校工作中依靠教职工办好学校，实现决策民主化、科学化的重要举措；是调动教职工积极性，维护教职工合法权益，深化教育改革、确保稳定和发展的有效途径；是加强学校党风廉政建设和行风建设，进一步密切学校党群、干群关系的客观需要。各级各类学校的党政领导要站在讲政治的高度，充分认识全面推进校务公开工作的重要意义，主动适应新形势下社会主义民主政治建设的新要求，把

校务公开工作提到重要位置上来。

二、切实加强对校务公开工作的领导

全面推进校务公开，要以邓小平理论和江泽民同志“三个代表”重要思想为指导，根据各级各类学校的特点，确定校务公开的领导体制和工作机制，形成党委统一领导，学校行政主持，纪检、监察、工会协调、监督，业务部门各负其责，教职工群众积极参与的工作格局。要建立党委领导下的校务公开领导小组，有组织、有领导、有计划、积极稳妥地推进校务公开工作。要确定有关部门参加的校务公开办事机构，明确职责分工，积极协调和参与校务公开的工作。

学校行政领导要积极主动地落实校务公开的各项规定，真正负起实施校务公开的责任。各级教育行政部门要积极实行政务公开，充分发挥表率作用和指导作用。

学校党委要切实加强对工会、教代会的领导，充分发挥工会、教代会（或教职工大会，下同）在校务公开中的作用。坚持通过多种形式实行校务公开。

各级教育工会要积极主动参与校务公开工作，搞好调查研究，充分发挥桥梁纽带作用。

三、校务公开工作要围绕中心，突出重点，注重实效

各地各校应把学校工作的重点、难点、教职工群众和社会关心的热点问题，作为校务公开的重要内容，努力做到政策公开、过程公开、结果公开。除按规定必须保密的事项外，学校

的发展规划、改革方案、教职工聘任办法、教职工奖惩办法、经费预决算、教职工购（建）房方案、住房公积金、养老金、医疗保险和其他社会保障基金等涉及教职工切身利益的重大问题，都应通过多种形式让教职工参与和知道。该向社会公开的要向社会公开。要保证公开的真实性，防止随意性，要注重实效，不搞形式主义。

四、加强和完善校务公开工作的制度化、规范化建设

校务公开是一项关系重大、政策性很强的工作。要逐步建立健全校务公开的各项制度和监督检查办法，坚持公开原则的确定性与公开步骤的渐进性相结合、公开内容的真实性与公开形式的多样性相结合，在实践中不断完善校务公开的工作制度，规范校务公开的程序，确保校务公开健康有序地进行。

五、加强对校务公开的监督检查

教育系统各级行政部门要把校务公开纳入学校目标管理之中，作为检查督导学校工作的重要内容。定期组织教职工代表对校务公开情况进行评估。监督部门要本着对党负责、对教职工群众负责的态度，深入了解教职工的呼声和要求，对校务公开工作实行有效监督，确保校务公开的真实性和实效性。

校务公开是一项长期工作。各级各类学校要不断了解新情况，研究新问题，总结新经验，用改革、创新精神，不断拓展和充实校务公开的内容，提高校务公开的水平。

各地各校可根据本地、本校的实际情况，制订推进校务公

开的工作计划和实施办法。有关校务公开工作的情况、效果和遇到的问题要及时向教育部和全国总工会报告。

中华全国总工会关于进一步推行职工董事、职工监事制度的意见

（总工发〔2006〕32号　2006年5月31日）

为了推动建立和完善中国特色的现代化企业制度，保障职工民主决策、民主管理、民主监督的权利，建立和谐稳定的劳动关系，促进企业健康发展，根据《中华人民共和国公司法》有关规定，现就进一步推行职工董事、职工监事制度，提出以下意见：

一、充分认识推行职工董事、职工监事制度的重要性和必要性

职工董事、职工监事制度，是依照法律规定，通过职工代表大会（或职工大会及其他形式，下同）民主选举一定数量的职工代表，进入董事会、监事会，代表职工行使参与企业决策权利、发挥监督作用的制度。凡依法设立董事会、监事会的公司都应建立职工董事、职工监事制度。

推行职工董事、职工监事制度，是贯彻落实党的十六大和十六届三中、四中、五中全会精神，牢固树立和落实科学发展观，加强社会主义民主政治建设，构建社会主义和谐社会的重

要举措；是建立现代企业制度，完善公司法人治理结构的重要内容；是维护职工合法权益，调动和发挥职工的积极性和创造性，建立和谐稳定的劳动关系，促进企业改革、发展、稳定的内在需要。建立职工董事、职工监事制度也是许多市场经济国家现代企业管理的成功经验。

各级工会一定要从实践“三个代表”重要思想、加强党的执政能力建设、落实全心全意依靠工人阶级指导方针的高度，充分认识这项工作的重要性、紧迫性，高度重视，把这项工作列入重要议事日程。

二、进一步规范职工董事、职工监事制度

（一）职工董事、职工监事人选的条件和人数比例

职工董事、职工监事人选的基本条件是：本公司职工；遵纪守法，办事公道，能够代表和反映职工的意见和要求，为职工群众信赖和拥护；熟悉企业经营管理或具有相关的工作经验，有一定的参与经营决策和协调沟通的能力。

未担（兼）任工会主席的公司高级管理人员，《公司法》中规定的不能担任或兼任董事、监事的人员，不得担任职工董事、职工监事。

董事会中职工董事与监事会中职工监事的人数和比例应在公司章程中作出明确规定。职工董事的人数一般应占公司董事会成员总数的四分之一；董事会成员人数较少的，其职工董事至少1人。职工监事的人数不得少于监事会成员总数的三分之一。

（二）职工董事、职工监事的产生程序

职工董事、职工监事的候选人由公司工会提名，公司党组织审核，并报告上级工会；没有党组织的公司可由上一级工会组织审核。工会主席一般应作为职工董事的候选人，工会副主席一般应作为职工监事的候选人。

职工董事、职工监事由本公司职工代表大会以无记名投票方式选举产生。职工董事、职工监事候选人必须获得全体会议代表过半数选票方可当选。

公司应建立健全职工代表大会制度，尚未建立的，应组织职工或职工代表选举产生职工董事、职工监事，并积极筹建职工代表大会制度。

职工董事、职工监事选举产生后，应报上级工会、有关部门和机构备案，并与其他内部董事、监事一同履行有关手续。

（三）职工董事、职工监事的职责

职工董事、职工监事享有与其他董事、监事同等的权利，承担相应的义务，并履行下列职责：

职工董事、职工监事应经常或定期深入到职工群众中听取意见和建议。

职工董事、职工监事在董事会、监事会研究决定公司重大问题时，应认真履行职责，代表职工行使权利，充分发表意见。

职工董事在董事会讨论涉及职工切身利益的重要决策时，应如实反映职工要求，表达和维护职工的合法权益；在董事会研究确定公司高级管理人员时，要如实反映职工代表大会民主评议公司管理人员的情况。

职工监事要定期监督检查职工各项保险基金的提取、缴纳，以及职工工资、劳动保护、社会保险、福利等制度的执行情况。

职工董事、职工监事有权向上级工会、有关部门和机构反映有关情况。

（四）职工董事、职工监事的任期、补选、罢免

职工董事、职工监事的任期与其他董事和监事的任期相同，任期届满，可连选连任。

职工董事、职工监事在任期内，其劳动合同期限自动延长至任期届满；任职期间以及任期届满后，公司不得因其履行职责的原因与其解除劳动合同，或采取其他形式进行打击报复。

职工董事、职工监事离职的，其任职资格自行终止。职工董事、职工监事出缺应及时进行补选，空缺时间一般不得超过3个月。

职工代表大会有权罢免职工董事、职工监事。罢免职工董事、职工监事，须由三分之一以上的职工代表联名提出罢免议案。

三、正确处理职工董事、职工监事与公司工会、职代会的关系

公司工会要为职工董事、职工监事开展工作提供服务。应协调和督促公司及时向职工董事、职工监事提供有关生产经营等方面的文件和资料，协助职工董事、职工监事进行调研、巡视等活动；协助职工董事、职工监事就有关议题听取职工意见，

进行分析论证，提出意见和建议；成立“智囊团”等形式的组织，为职工董事、职工监事提供咨询服务；协调有关方面建立职工董事、职工监事各项工作制度。

职工董事、职工监事要向公司职工代表大会负责。应积极参加职工代表大会的有关活动，认真执行职工代表大会的有关决议，在董事会、监事会会议上按照职工代表大会的相关决定发表意见。应定期向职工代表大会报告工作，接受职工代表大会的质询。职工代表大会每年对职工董事、职工监事履行职责情况进行民主评议，对民主评议不称职的予以罢免。

四、加强对职工董事、职工监事制度建设工作的领导

各级地方工会和产业工会要进一步加强对职工董事、职工监事工作的领导，明确责任，指定专门的部门和人员负责此项工作。要切实把工作重点放在基层，深入研究解决问题。要善于发现和总结经验，宣传典型，用典型推动工作。

要经常对职工董事、职工监事制度的推行情况进行调查分析。根据《公司法》的有关规定，结合各地实际，加强与各地政府及有关部门的合作和联系，参与制定和完善有关推行职工董事、职工监事制度的地方性政策法规。

要加强职工董事、职工监事的培训工作。各级工会要研究制订培训方案，有组织、有计划地进行培训，保证培训质量，提高职工董事、职工监事的整体素质，切实发挥其作用。

中华全国总工会关于推行区域（行业）职工代表大会制度的意见（试行）

（总工发〔2010〕47号　2010年9月14日）

根据《劳动法》、《劳动合同法》、《工会法》等法律法规的有关规定，总结一些地方召开区域（行业）职工代表大会的做法和经验，现就推行区域（行业）职工代表大会制度提出以下意见。

一、推行区域（行业）职工代表大会制度的重要意义

当前，我国正处于经济社会发展的重要机遇期。随着工业化、城镇化进程不断加快，转变经济发展方式、调整经济结构的力度进一步加大，非公有制经济迅速发展，中小企业已经成为国民经济和社会发展的重要力量，成为吸纳劳动力、扩大和稳定就业的主渠道。适应非公有制中小企业快速发展和劳动关系的深刻变化，认真总结实践经验，大力推行区域（行业）职工代表大会制度，对于认真贯彻落实党的全心全意依靠工人阶级的指导方针，扩大职工参与民主管理的覆盖面，充分调动、发挥区域（行业）内中小企业职工投身改革发展的积极性和创造性；对于畅通职工理性合法表达利益诉求的渠道，加强厂务公开民主管理制度建设，切实维护职工合法权益；对于促进企

业健康发展，推动所在地区经济社会的协调发展等，具有十分重要的意义。各级工会要站在工会工作全局的高度，充分认识推行区域（行业）职工代表大会制度的重要性和紧迫性，采取有效措施，大力推行区域（行业）职工代表大会制度，为职工参与企业管理，构建和谐稳定的劳动关系，促进区域经济和企业的健康发展作出新的贡献。

二、推行区域（行业）职工代表大会制度的原则

区域（行业）职工代表大会，是县级以下一定区域或性质相近的行业内若干尚不具备单独建立职工代表大会制度条件的中小企业，通过民主选举代表联合召开会议，组织职工参与企业管理，行使民主管理权利，协调解决区域（行业）内劳动关系共性问题的民主管理制度。区域（行业）职工代表大会是本区域（行业）内职工参与民主管理的基本形式，也是区域（行业）实行政务公开、厂务公开的有效渠道。

推行区域（行业）职工代表大会制度，要坚持以下原则：

一是坚持党的领导。各级工会在推行区域（行业）职工代表大会制度中，要在区域（行业）党组织的领导下进行，认真贯彻落实党和政府的有关方针政策。

二是坚持实事求是。要根据所在地区经济社会发展和不同行业中小企业的实际情况，因区域、行业、企业制宜，加强区域（行业）职工代表大会制度建设。

三是坚持借鉴创新。根据区域（行业）职工代表大会所覆盖企业的性质和特点，认真借鉴企业职工代表大会制度的经

验，从制度内容、形式、方法等方面进行创新，并在实践中不断完善。

四是坚持协调合作。区域（行业）工会组织与相关部门、区域（行业）内企业职工和经营管理者应依照法律法规和有关政策加强协调、密切合作，共同推进区域（行业）职工代表大会制度建设。

三、区域（行业）职工代表大会的职责

要通过建立和完善区域（行业）职工代表大会，组织职工参与企业管理，行使民主管理权利，推进政务公开、厂务公开；促进区域（行业）内企业经营管理者与职工进行有效沟通协调，推动平等协商、集体合同制度的建立与实施，维护职工民主权利和劳动经济利益，构建和谐稳定的劳动关系，促进企业改革发展和所在地区经济社会协调发展。

区域（行业）职工代表大会的主要职责：

（一）听取区域（行业）执行国家有关劳动法规政策情况报告，区域（行业）劳动关系状况报告，并提出意见和建议；

（二）讨论区域（行业）内企业有关劳动报酬、工作时间、休息休假、劳动安全卫生、保险福利、职工培训、劳动纪律以及劳动定额管理等直接涉及职工切身利益的重大问题，提出意见和建议；

（三）讨论通过区域（行业）集体合同草案和专项集体合同草案；

（四）审议监督区域（行业）内企业执行劳动法律法规和区

域（行业）职工代表大会决定事项情况，签订和履行劳动合同、集体合同情况，缴纳社会保险费情况，实行厂务公开情况等；

（五）审议决定区域（行业）职工代表大会的其他事项。

四、区域（行业）职工代表大会的工作制度和组织制度

区域（行业）职工代表大会的职工代表经区域（行业）工会与有关方面协调形成推选方案后，由区域（行业）内的企业职工民主选举产生。区域（行业）职工代表大会的职工代表应当有充分的代表性，应在企业经营管理者、工人、技术人员和区域（行业）工会、企业代表组织以及管理部门中合理分配代表名额，企业工人代表人数不得少于代表总人数的50%。

区域（行业）职工代表大会届期为三年至五年，具体届期由区域（行业）职工代表大会确定。如需要提前或者延期换届的，应当由区域（行业）职工代表大会决定。区域（行业）职工代表大会的职工代表任期与区域（行业）职工代表大会届期相同。

区域（行业）职工代表大会每年至少召开一次。区域（行业）职工代表大会每次会议必须有三分之二以上的职工代表出席。

区域（行业）职工代表大会应当召开预备会议，选举产生主席团。主席团负责主持召开大会，协调处理有关事宜。

区域（行业）职工代表大会根据需要，可以设立若干专门委员会（小组），负责办理区域（行业）职工代表大会交办的事项。

区域（行业）职工代表大会进行选举和表决时，实行少数服从多数的原则，以无记名投票方式经全体职工代表过半数通过。

区域（行业）工会组织作为区域（行业）职工代表大会的工作机构，要认真负责地做好区域（行业）职工代表大会的日常工作，包括征集职工代表提案，提出区域（行业）职工代表大会议题的建议；负责区域（行业）职工代表大会的筹备工作和组织工作，提出大会的议程和日程建议；提出区域（行业）职工代表大会主席团、专门委员会（小组）的设立方案和组成人员建议名单；在区域（行业）职工代表大会闭会期间，负责组织职工代表开展巡视、检查、质询等活动，监督区域（行业）职工代表大会决议的执行情况；对职工代表进行劳动法律法规和民主管理方面知识的宣传教育，组织职工代表开展学习和培训，提高职工代表素质。

五、大力推行区域（行业）职工代表大会制度

推行区域（行业）职工代表大会制度，工作涉及面宽、政策性强。各级工会要在同级党委的领导下，加强与政府及有关部门的联系，加强与行业协会、商会等企业代表组织的协商沟通及合作，整合各方面资源，积极主动推进建立区域（行业）职工代表大会制度。尚未建立区域（行业）职工代表大会制度的地方，上级工会要在具备条件的区域或行业进行试点，认真总结实践经验，发挥典型的示范作用，用实际工作成效赢得广大职工群众的认可，争取政府及有关部门的大力支持。

要从本地区经济社会发展的实际出发，紧紧围绕维护职工合法权益、构建和谐劳动关系，推动解决工资集体协商、劳动用工、劳动标准、工作条件、社会保险、职业安全卫生等涉及职工切身利益问题，推进区域（行业）职工代表大会制度建设。要把推行区域（行业）职工代表大会制度与推进政府和工会的联席（联系）会议制度、劳动关系三方协商机制紧密结合，与推动企业依法普遍建立工会组织、依法普遍开展工资集体协商紧密结合，与建立健全厂务公开工作机制、劳动争议调处机制紧密结合，使之相互衔接、相辅相成，更好地发挥区域（行业）职工代表大会制度的作用。

要加强调查研究和理论政策研究，在不断总结工作经验的基础上，逐步规范和完善区域（行业）职工代表大会的职责、组织制度和工作规则。要加强宣传工作和舆论引导，努力营造企业民主管理的良好社会氛围，推进区域（行业）职工代表大会制度建设深入发展。

中华全国总工会办公厅关于规范召开企业职工代表大会的意见

（总工办发〔2011〕53号　2011年12月7日）

为规范召开企业职工代表大会（以下简称职代会），充分有效地发挥企业职代会作用，根据相关法律法规，结合企业职代会运行的实际情况，提出以下意见。

一、企业职代会每年至少召开一次。

二、企业职代会实行届期制，每三至五年为一届，到期应当及时换届。

三、企业工会是企业职代会的工作机构。未建工会的企业召开职代会，应当向上级工会组织报告，在其指导下开展相关工作。

四、企业首次召开职代会前应当成立筹备机构，由企业党组织、行政、工会等方面人员组成。筹备机构主要任务是：起草本单位职代会实施办法（细则）；组织选举职工代表；起草职代会筹备工作情况报告；研究确定本次职代会主要议题和议程；听取职工的意见和建议；等等。

五、企业应当根据法律法规的规定，结合实际，制定职代会实施办法（细则）。职代会实施办法（细则）应当提交职代会审议通过。

六、企业应当根据职工人数和生产（行政）单位设置状况确定职工代表总数、划分选区、分配名额，进行职工代表的选举。职工代表人数应当按照企业全体职工人数的一定比例确定，具体比例和人数应当按照本企业职代会实施办法（细则）确定，或由企业与工会协商确定，但最少不得低于三十人。企业职工人数在五十人以下的，应当召开职工大会。

七、职工代表中应当有工人、技术人员、管理人员、企业领导人员和其他方面的职工。其中企业领导人员一般不超过职工代表总数的五分之一。

八、各选区按照分配名额，由工会负责组织职工直接选举职工代表。

九、企业领导（高级管理）人员应当在相应的选区，参加职工代表的选举。

十、选举（撤换）职工代表，必须有选区全体职工三分之二以上参加，得到选区全体职工总数二分之一以上同意票者方可当选（撤换）。

管理层级较多的企业，参加上一级职代会的职工代表，可以在下一级职代会职工代表中选举产生，也可以由全体职工直接选举产生。

十一、职工代表人数较多的可以按选区组成代表团（组），推选团（组）长。

十二、职工代表实行常任制，任期与职代会届期相同，可以连选连任。

十三、职工代表在任期内因跨选区工作岗位变动或企业与其终止、解除劳动关系，其代表资格自行终止，缺额应当由原选举单位按照规定补选。

十四、职代会可以设列席代表和特邀代表；可以组织职工旁听。

十五、工会应当按照企业职代会实施办法（细则）制定职工代表选举方案；负责对职工代表条件、产生程序、人员构成比例等进行审核，并将职工代表名单进行公示，接受职工监督。

十六、确定召开职代会后，工会或职代会提案委员会应当通过职工代表向职工征集提案；经审查立案后提交职代会讨论。

十七、召开职代会前应当以书面形式，通知职工代表参加会议的时间、地点及主要内容。

十八、需要通过职代会讨论表决事项的相关材料，一般应当在会前不少于 7 个工作日，以书面形式送达职工代表，由职工代表团（组）长组织职工代表充分讨论和征求选区职工的意见。

十九、基层工会组织在召开职代会之前，应当向上一级工会报告会议筹备情况，上一级工会应当予以指导。

二十、正式召开职代会前可以召开预备会议。预备会议由本企业工会主持，全体职工代表参加。

二十一、职代会预备会议的主要程序是：

（一）选举大会主席团；

（二）听取关于本届（次）职代会筹备情况的报告；

（三）审议通过关于职工代表资格审查情况的报告；

（四）通过大会议程；

（五）决定大会其他有关事项。

二十二、召开职代会正式会议必须有全体职工代表的三分之二以上到会。会议主持人必须向大会报告职工代表出席情况、职代会提案征集处理情况和上次职代会提案的落实情况。

二十三、职代会应当以职工代表团（组）为单位讨论相关事宜。大会主席团成员分别参加本代表团（组）的讨论。

二十四、职代会选举及表决通过决议、重要事项，应当以无记名投票方式进行，得到全体职工代表二分之一以上同意票方为当选（有效）。

二十五、职代会主席团负责处理会议期间的相关事项。

二十六、职代会闭会期间遇有重大问题，可由企业行政、工会或三分之一以上的职工代表联名，提议召开职代会，并按照规范程序进行。

二十七、职代会通过的决议、重要事项和选举结果等应当形成书面文件并及时公示。职代会应当建立专门档案。

二十八、事业单位、民办非企业单位等其它单位可参照本意见执行。

中华全国总工会关于加强公司制企业民主管理工作的意见

（总工发〔2012〕78号　2012年12月13日）

为贯彻落实党的十八大关于扩大社会主义民主、完善基层民主制度的精神，适应当前我国现代企业发展形势的要求，充分发挥以职工代表大会为基本形式的企业民主管理制度在完善现代企业法人治理结构、维护职工合法权益、构建和谐劳动关系、促进公司制企业又好又快发展中的积极作用，根据《公司法》、《劳动法》、《劳动合同法》及《企业民主管理规定》等法律法规，现就加强公司制企业民主管理工作提出如下意见。

一、充分认识加强公司制企业民主管理工作的重要意义

随着我国公有制企业改革逐步深化、非公有制企业不断发展，公司制作为现代企业的有效组织形式已成为不同所有制企业改革发展的普遍选择。依照《公司法》、《公司登记管理条例》成立的公司制企业，其法人治理结构在推动企业明晰产权、明确责权、强化监督、科学管理方面发挥了积极作用。同时，公司制企业依照《公司法》设立职工董事职工监事，建立健全以职工代表大会为基本形式的企业民主管理制度，加强了所有者、经营者和劳动者之间的有效沟通和协调，维护了职工合法权益，推动了劳动关系和谐发展，完善了法人治理结构，形成了中国特色企业管理制度。

根据当前经济形势和企业发展的客观需要，按照党的十八大关于“全心全意依靠工人阶级，健全以职工代表大会为基本形式的企事业单位民主管理制度，保障职工参与管理和监督的民主权利”的要求，依靠职工办企业，将民主管理制度融入企业法人治理结构，是加强基层民主政治建设的客观需要，是企业遵守国家法律法规经营管理的法定责任，是完善企业决策机制、实现科学管理可持续发展的必然要求，是构建和谐劳动关系、实现职工与企业共同发展的重要保证。

各级工会要充分认识加强公司制企业民主管理工作的重要性和必要性，促进公司制企业不断拓宽民主管理的范围和途径，不断丰富内容和形式，保障广大职工享有更多更切实的民主权利。要认真贯彻执行《公司法》、《中共中央办公厅、国务

院办公厅关于在国有企业、集体企业及其控股企业深入实行厂务公开制度的通知》、《企业民主管理规定》等法律法规和政策规定，推动公司制企业依法建立健全职工代表大会制度、职工董事职工监事制度，推进厂务公开，开展民主协商，建立集体合同制度，维护职工合法权益，促进公司制企业又好又快发展。

二、大力推进公司制企业依法建立健全民主管理制度

各级工会要推动公司制企业严格执行企业民主管理相关法律法规和政策规定，将以职工代表大会为基本形式的企业民主管理制度作为中国特色企业管理制度的重要组成部分，真正融入董事会决策、经理层执行、监事会监督的公司法人治理过程之中，融入企业经营管理的活动之中，最大限度地激发和调动职工工作热情和创造活力，增强职工的主人翁意识和责任感，充分发挥民主管理对完善公司法人治理结构的积极作用。一方面推动公司制企业法人治理的权力运行和监督机制更加有效，防止企业领导人员行为失范、权力失控、决策失误，维护好投资人的合理利益；另一方面促进公司制企业经营管理者与劳动者相互协商、相互合作的民主决策意识不断强化，既维护好职工合法权益，又不断提高经营管理水平，为企业持续健康稳定发展提供制度性保障。

（一）推动公司制企业依法建立健全职工代表大会制度，加强民主决策和科学管理

要督促公司制企业依法建立健全职工代表大会制度，按照

《企业民主管理规定》的要求，定期召开职工代表大会，保障职工的知情权、参与权、表达权、监督权等民主权利，夯实公司制企业重要决策的民意基础。

一是发挥职工代表大会在推动董事会民主决策科学决策方面的积极作用。职工代表大会应当通过职工董事参与董事会的决策过程，充分发挥职工代表大会在了解民心、汇聚民意、形成共识方面的独特作用，真实、充分反映职工的意见建议，使董事会的决策和管理更加符合企业实际，符合大多数职工的意愿，得到广大职工的理解和支持。要督促董事会在经职工代表大会广泛听取职工意见的基础上进行决策。职工代表大会要及时宣传董事会决策精神，推动董事会决策事项的实施。

二是发挥职工代表大会在增强经理层经营管理效能方面的积极作用。职工代表大会应当监督和支持经营管理者依法将生产经营情况、发展规划和管理办法，以及改革发展过程中遇到的问题，通过职工代表大会等形式，向职工报告和说明；在制定、修改或者决定直接涉及劳动者切身利益的规章制度或者重大事项时，必须依法提交职工代表大会审议，集体合同草案必须依法提交职工代表大会审议通过；通过开展“公开解难题、民主促发展”主题活动，广泛征集职工代表提案，组织职工开展劳动竞赛和技术攻关、技术革新、发明创造等科技创新活动，群策群力破解经营管理难题、完善经营管理制度，提高企业市场竞争能力。

三是发挥职工代表大会在提高监事会监督实效性方面的积极作用。职工代表大会应当充分发挥民主监督的优势和作用，使职工代表大会广泛、深入的群众性监督与监事会专职、专业的权利性监督优势互补、形成合力。要组织职工代表开展调研巡查，通过对经营管理重大事项及董事和高级管理人员职务行为进行质询，民主评议领导人员等监督检查活动，为监事会及时提供详实的信息，督促企业执行劳动法律法规和规章，履行社会责任，推动企业健全权力运行的内部民主监督机制，提高监事会监督的效能。

职工代表大会还应当通过由其选举产生的职工董事职工监事影响和监督董事会、监事会的各项活动，督导职工董事职工监事在董事会决策、监事会监督的过程中发挥应有作用。

（二）推动公司制企业建立健全厂务公开制度，促进信息公开和廉洁从业

要推动公司制企业实行厂务公开，积极推进厂务公开制度化、规范化建设，充分发挥厂务公开在保障职工民主权利、加强权力运行监督、促进反腐倡廉建设、推动企业健康发展方面的积极作用。

一是要推动所有公司制企业实行厂务公开，建立相应的工作制度。国有独资及其控股的公司制企业必须健全和完善厂务公开制度，并根据企业实际情况不断创新发展。

二是要丰富内容和形式，规范厂务公开制度。公司制企业的厂务公开要以职工代表大会为主要载体，并通过厂务公开栏、厂情发布会、民主议事会、劳资恳谈会和内部信息刊物、网络、广播、电视等形式，将生产经营管理的重大事项、涉及职工切身利益的规章制度和经营管理人员廉洁从业相关情况，按照一

定程序向职工公开，听取职工意见，积极争取职工的理解和支持，接受职工监督。

三是要把厂务公开与公司制企业信息披露相结合。要将法定的公司信息披露制度与厂务公开制度紧密结合、同步推进，通过厂务公开将企业经营管理活动置于职工的监督之下，从而使对外公开与对内公开相结合，外部监督与内部监督相促进，保证披露信息和公开事项的真实性，增加职工和投资者的信心，推动企业健康发展。

（三）推动公司制企业依法建立健全职工董事职工监事制度，强化职工参与和内部监督。

要督促公司制企业依照法律法规和政策规定，支持和保证职工董事职工监事与董事会、监事会其他成员平等地参与企业决策、管理和监督，代表和维护职工合法权益。

一是要推动所有设立董事会、监事会的公司制企业建立职工董事职工监事制度。国有独资公司设立董事会的，以及两个以上的国有企业或者其他两个以上的国有投资主体投资设立的有限责任公司设立董事会的，必须依照《公司法》的规定设立职工董事；同时要督促其他设立董事会的公司制企业建立职工董事制度。设立监事会的各类公司制企业都必须设立职工监事，职工监事的比例不得低于监事会成员的三分之一。

二是要坚持职工董事职工监事必须依法由职工代表大会选举产生。职工董事职工监事的候选人应当由公司制企业工会在充分听取职工意见的基础上提名，经职工代表大会全体代表过半数通过方可当选，并报上一级工会组织备案。

公司制企业应当依法在公司章程中明确职工董事职工监事在董事会、监事会中的具体比例和人数，并明确工会主席、副主席作为职工董事职工监事候选人人选。

三是要加强对职工董事职工监事的支持与监督。必须明确职工董事职工监事是职工代表，对职工代表大会负责，在董事会、监事会会议上，要按照职工代表大会的有关决议发表意见，全面真实准确地反映职工代表大会的意见和建议，表达和维护职工合法权益和利益诉求；要定期向职工代表大会报告工作，接受职工代表大会的质询和监督。职工董事职工监事不履行职责或者有严重过错的，经三分之一以上的职工代表联名提议，职工代表大会全体代表的过半数通过，应当予以罢免。

要督促公司制企业依法为职工董事职工监事开展工作提供必要的信息和条件，保障职工董事职工监事依法履行职责应享有的各项权益，以及与公司制企业的其他董事监事享有同等的权利和相应的待遇。职工董事职工监事在任职期间，除法定情形外，企业不得与其解除劳动合同。

三、切实加强对公司制企业民主管理工作的指导

各级工会要把加强公司制企业民主管理工作作为一项重点工作来抓，从本地区、本产业和企业实际情况出发，加强组织领导，制订工作规划，加强对公司制企业民主管理工作的指导和监督。

积极推进公司制企业建立健全民主管理制度。要一手抓建制、一手抓规范。督促公司制企业在公司章程中明确建立企业

民主管理制度相关内容。对尚未建立职工代表大会、厂务公开制度的公司制企业，依法应当设立却尚未设立职工董事职工监事制度的公司制企业，上级工会要加大建制工作力度，指导和帮助这些企业尽快建立职工代表大会制度，选举产生职工董事职工监事，实行厂务公开，同时，健全工作制度、规范工作程序，使厂务公开民主管理工作在推动企业发展、维护职工权益中发挥积极作用。

努力推动公司制企业民主管理工作创新发展。要及时总结公司制企业民主管理工作中的创新经验，大力宣传和推广先进典型，以点带面整体推进厂务公开民主管理工作。要加强与党委纪检部门、组织部门，政府国有资产监督管理机构、监察机关，企业代表组织等有关单位协作配合，齐抓共管、形成合力，共同把公司制企业民主管理工作抓好抓实。要加强立法源头参与，推动地方出台公司制企业民主管理工作的相关法规，为国家修改《公司法》和制定企业民主管理的法律法规奠定实践基础。要积极推动立法机关开展执法检查和政府有关部门行政监察，依法推进公司制企业实行民主管理。要加强调查研究，及时研究解决实践中出现的新情况、新问题，深入开展理论研究，为实践提供理论依据，推动公司制企业民主管理工作创新发展。

充分发挥公司制企业工会在企业民主管理工作中的作用。公司制企业工会要积极争取党组织的领导和经营管理者的支持，推动企业建立健全民主管理制度。要切实履行职工代表大会工作机构的职责，努力做好职工代表大会的组织工作，健全各项工作制度，推动职工代表大会各项决议的落实，积极开展职工代表的培训工作，努力提高职工代表的综合素质和履职能力。要认真做好厂务公开协调领导机构交办的各项工作，努力落实工作责任，完善考核评价和监督检查机制。要监督集体合同草案提交职工代表大会审议通过的民主程序落实和集体合同的切实履行。要及时了解和掌握职工的意愿和要求，积极为职工董事职工监事提供履行职责必要的信息和建议，帮助提高职工董事职工监事的履职能力。

中华全国总工会关于推行企业集团职工代表大会制度的意见

（总工办发〔2020〕27号　2020年12月28日）

为深入学习贯彻习近平新时代中国特色社会主义思想，全面贯彻落实党的十九大和十九届二中、三中、四中、五中全会精神，进一步健全以职工代表大会（以下简称职代会）为基本形式的企业民主管理制度，充分发挥企业集团职工代表大会（以下简称集团职代会）在公司法人治理结构中的作用，依据《中华人民共和国公司法》、《企业民主管理规定》等，现就推行集团职代会制度提出如下意见。

本意见所指集团职代会是指企业集团总部和所属基层单位按照一定比例选举产生职工代表，对涉及企业集团改革发展和职工权益有关事项履行民主程序、行使相应职权的职代会。

一、推行集团职代会制度的重要意义

（一）推行集团职代会制度是新形势下健全充满活力的基层群众自治制度的必然要求。党的十九届四中全会通过的《中共中央关于坚持和完善中国特色社会主义制度、推进国家治理体系和治理能力现代化若干重大问题的决定》明确要求，健全充满活力的基层群众自治制度，全心全意依靠工人阶级，健全以职工代表大会为基本形式的企业民主管理制度。当前，我国企业规模日益壮大，企业产权结构、管控模式、管理层级发生了深刻变化，出现了许多大型企业集团，这对推进企业民主管理提出了新要求。推行集团职代会制度，有利于完善企业集团职工参与管理的有效方式，保证职工在整个企业集团层面参与管理，把制度优势转化为企业集团职工参与经济社会事务管理的实际效能，使人民当家作主权利落到实处。

（二）推行集团职代会制度是加快完善中国特色现代企业制度的内在需要。职代会制度是中国特色现代企业制度的题中应有之义，是公司法人治理结构的主体之一。随着国企改革三年行动方案加快实施，混合所有制改革积极稳妥推进，将进一步推动形成更加成熟更加定型的中国特色现代企业制度。与以往国有企业“脱困式的改革”明显不同，本轮国有企业改革更加侧重战略重组和产业结构重新布局，改革路径自上而下，涉及企业集团和基层单位多个层面，对不同层面的企业民主管理制度有序运行带来了新挑战。推行集团职代会制度，有利于更好地将民主管理制度与企业管理制度相衔接，与企业管控模式相匹配，与公司法人治理结构相融合，促进企业集团决策更加科学民主，推动企业管理与改革创新良性互动，实现企业高质量发展。

（三）推行集团职代会制度是企业集团构建和谐劳动关系的有效途径。我国正在加快构建以国内大循环为主体、国内国际双循环相互促进的新发展格局，企业劳动关系和谐稳定是构建新发展格局的重要基础。受新冠肺炎疫情的冲击，众多企业生产经营困难增多、职工权益保障面临诸多新情况新问题。企业集团用工方式多元，职工人数众多，劳动关系更为复杂，受到的影响更大。推行集团职代会制度能够有效规范企业集团及所属基层单位劳动关系，为企业集团制定涉及全体职工切身利益的重大事项和重要制度提供程序保障，为所属基层单位民主管理制度的运行提供指导遵循，及时回应和解决职工利益诉求，化解劳动关系双方的矛盾，促进经济社会平稳发展。

二、推行集团职代会制度的基本原则

——坚持加强党的领导。要坚持以习近平新时代中国特色社会主义思想为指导，认真贯彻落实党的基本理论、基本路线、基本方略，坚持党委统一领导，坚持重大问题事前请示，坚持全心全意依靠职工办企业，在党组织的统筹协调下推进企业集团和所属基层单位职代会制度建设，确保集团职代会制度建设沿着正确的方向发展。

——坚持依法有序推进。要依照相关法律法规，推动对所属基层单位在重大决策、经营管理、干部任免、薪酬福利、人力资源等方面拥有管控权限的企业集团建立职代会制度，保证职工通过企业集团和所属基层单位等多层级职代会行使民主管理权力。不能以企业集团总部职代会替代集团职代会。在此基础上积极推进制度化规范化建设，使集团职代会制度更加健全、运行程序更加规范、作用发挥更加有效。

——坚持融入公司治理。要推动企业集团在制定公司章程时，落实职代会在公司治理结构中的地位，明确其主体权责，并与其他公司治理主体有效衔接。要以集团职代会为牵引，建立与企业管控模式相适应、上下配套、层次清晰、各司其职、独立运行的企业集团内部多层级职代会制度体系，把民主管理制度融入到企业生产经营管理活动之中，推动加快完善中国特色现代企业制度。

——坚持协同联动推进。集团职代会的内容要更加侧重涉及企业集团改革发展的全局性、根本性、指导性的重大事项，以及涉及职工切身利益带有普遍性、倾向性的重大问题。所属基层单位要在遵循集团职代会基本原则基础上，从本单位实际出发，细化和完善本单位职代会制度。要准确把握和处理上下级职代会之间的关系，充分发挥企业集团内各层级职代会的职能作用。

三、推行集团职代会制度的工作要求

（一）集团职代会职工代表构成比例和产生方式。集团职代会职工代表的名额数量应以企业集团职工人数为基数，依据

《企业民主管理规定》第八条有关规定确定。其中，集团中层以上管理人员和领导人员，原则上不超过职工代表总数的20%，所属单位多、分布广的集团中层以上管理人员和领导人员一般不超过代表总数的35%。职工代表中应有适当比例的劳模先进、高技能领军人才、女职工、青年职工、农民工的代表。

参加集团职代会的职工代表可以在企业集团总部和各所属基层单位职代会的职工代表中选举产生，也可以在企业集团全体职工中直接选举产生。

（二）集团职代会的届期和会议召开。集团职代会每届届期为三年至五年，具体届期由职代会根据实际情况确定，每年应至少召开一次。在条件允许的情况下，要合理规划职代会会期、内容，与董事会、年度工作会议等有机衔接。职工人数众多、地域分布广的企业，在集团职代会召开形式上可探索线上和线下相结合的方式，但在涉及重要事项表决时，应集中现场开会，以保障职工真实意愿的表达。

（三）集团职代会闭会期间的工作制度。企业集团工会是集团职代会的工作机构，负责集团职代会的日常工作。闭会期间，遇有确需经集团职代会审议或审议通过的重大事项，按规定召开临时集团职代会；有需要临时解决涉及职工切身利益的重要问题可由企业集团工会组织召集职工代表团（组）长和专门委员会（小组）负责人联席会议协商处理。联席会议必须有各代表团（组）长参加；协商讨论解决属于集团职代会职权范围内的事项必须由集团职代会授权，并提请下一次集团职代会确认；企业集团改革改制方案必须经集团职代会审议，国有及其控股企业集团职工安置方案必须经集团职代会审议通过，不可由联席会议替代集团职代会行使职权。

四、认真履行集团职代会的职权

要根据国家相关法律法规，从企业集团决策管理权限出发，围绕企业集团发展规划、经营决策、重要规章制度、涉及职工切身利益的重大问题，确定集团职代会的各项职权内容。

（一）审议建议权。集团职代会应听取企业集团工作报告，审议企业集团经营方针、中长期发展规划、年度计划、财务预决算、安全生产等重要事项的报告；审议企业集团改制方案和重大改革措施；审议企业集团员工持股方案；审议企业集团制定、修改或者决定的有关劳动报酬、工作时间、休息休假、劳动安全卫生、保险福利、职工培训、劳动纪律以及劳动定额管理等直接涉及职工切身利益的规章制度或者重大事项方案，提出意见和建议。

（二）审议通过权。集团职代会应审议企业集团民主管理制度实施办法；审议企业集团集体合同草案、专项合同草案、企业年金方案、住房制度改革方案；审议职工奖惩办法、劳动模范推荐人选等重大事项。在审议的基础上，进行投票表决，形成通过或不通过的决议。国有及其控股企业集团产权转让、合并、分立、改制、解散、破产实施方案中职工的裁减、分流和安置方案也应当经集团职代会审议通过。

（三）监督评议权。集团职代会应监督企业集团及所属基层单位建立和健全完善职代会和厂务公开等民主管理制度情况；

监督企业集团职代会决议贯彻执行情况和提案落实情况；审查监督企业集团及所属基层单位执行劳动法律法规和劳动规章制度的情况；审查监督企业集团及所属基层单位履行集体合同的情况；民主评议集团职工董事、职工监事。国有及其控股企业集团应当通过集团职代会民主评议集团领导人员。

（四）民主选举权。集团职代会应依法选举或罢免企业集团职工董事、职工监事；选举集团职代会专门委员会（小组）成员；选举依法进入破产程序企业集团的债权人会议和债权人委员会中的职工代表；选举法律法规规定或者企业集团党委、行政与工会协商确定应当由集团职代会选举产生的其他人员。

（五）法律法规赋予职代会的其他权利。在推进企业集团改革改制过程中，特别是在国有企业集团推进混合所有制改革过程中，要重点规范改革调整重大事项的集团职代会审议建议程序。涉及企业集团改革调整的重大事项，应当通过集团职代会履行审议建议权的民主程序，提出意见建议。所属基层单位在此基础上细化方案，提交本级职代会审议并履行相应的民主程序。要重点规范涉及企业集团职工切身利益重要事项的集团职代会审议通过程序。涉及企业集团职工安置等职工切身利益的重要事项，应当通过集团职代会严格履行审议通过权的民主程序，根据所属基层单位实际，提出统一要求与分类指导相结合的原则，表决通过后实施。所属基层单位按照集团职代会决议细化方案，提交本级职代会审议通过后实施。

五、扎实推进集团职代会制度建设

（一）加强组织领导。各级工会要提高思想认识、主动担当作为，突出问题导向，把推行集团职代会制度摆上重要位置，善于借助厂务公开协调领导机构、劳动关系三方协调机制等平台，营造协同推进的良好氛围，积极稳妥地推动集团职代会制度建立健全。

（二）强化分类指导。各级工会要紧密结合实际，根据不同企业集团在产权结构、管控模式、组织规模方面的差异，推动符合建制条件但尚未建立职代会的企业集团抓紧建立集团职代会制度，认真落实职代会职权；推动已经建立职代会的企业集团继续完善制度、理顺关系、规范运行、彰显效能。

（三）统筹谋划落实。各级工会要加强制度设计，按照本意见要求，结合自身实际，制定完善配套政策或实施措施，注重加强对典型经验的总结推广，形成整体推进的工作态势，为推行集团职代会制度营造良好舆论环境和社会氛围。

本意见也适用于由多个子公司、分公司组成，多层级管理的集团性质企业。

图书在版编目（CIP）数据

企事业单位民主管理工作百问百答 / 肖鹏编著.
—北京：中国工人出版社，2021.11
ISBN 978-7-5008-7752-3

Ⅰ.①企… Ⅱ.①肖… Ⅲ.①行政事业单位－民主管理－中国－问题解答 ②企业管理－民主管理－中国－问题解答 Ⅳ.①D630.1-44 ②F279.23-44

中国版本图书馆CIP数据核字（2021）第217022号

企事业单位民主管理工作百问百答

出 版 人	王娇萍
责任编辑	赵晨羽
责任印制	栾征宇
出版发行	中国工人出版社
地　　址	北京市东城区鼓楼外大街45号　邮编：100120
网　　址	http://www.wp-china.com
电　　话	（010）62005043（总编室） （010）62005039（印制管理中心） （010）62382916（工会与劳动关系分社）
发行热线	（010）82029051　62383056
经　　销	各地书店
印　　刷	北京市密东印刷有限公司
开　　本	880毫米×1230毫米　1/32
印　　张	7.375
字　　数	160千字
版　　次	2022年2月第1版　2023年 4 月第 4 次印刷
定　　价	40.00元